Peace of Mind

BIBLE WORD SEARCH

HOPE IN JESUS

Peace of Mind

BIBLE WORD SEARCH

HOPE IN JESUS

LINDA PETERS

Good Books®
New York, New York

Copyright © 2021 by Hollan Publishing

All rights reserved. No part of this book may be reproduced in any manner without the express written consent of the publisher, except in the case of brief excerpts in critical reviews or articles. All inquiries should be addressed to Good Books, 307 West 36th Street, 11th Floor, New York, NY 10018.

Good Books books may be purchased in bulk at special discounts for sales promotion, corporate gifts, fund-raising, or educational purposes. Special editions can also be created to specifications. For details, contact the Special Sales Department, Good Books, 307 West 36th Street, 11th Floor, New York, NY 10018 or info@skyhorsepublishing.com.

Good Books is an imprint of Skyhorse Publishing, Inc.®, a Delaware corporation.

Visit our website at www.goodbooks.com.

10 9 8 7 6 5 4 3 2

Library of Congress Cataloging-in-Publication Data is available on file.

Cover design by Joanna Williams
Cover image used under license from Shutterstock.com

Paperback ISBN: 978-1-68099-785-9
Choice ISBN: 978-1-68099-802-3

Printed in China

All scripture quotations are taken from the following sources:

The Holy Bible, New International Version®, NIV®. Copyright © 1973, 1978, 1984, 2011 by Biblica, Inc.™ Used by permission of Zondervan. All rights reserved worldwide. www.zondervan.com The "NIV" and "New International Version" are trademarks registered in the United States Patent and Trademark Office by Biblica, Inc.™

The ESV® Bible (The Holy Bible, English Standard Version®). Copyright © 2001 by Crossway, a publishing ministry of Good News Publishers. Used by permission. All rights reserved.

The New American Standard Bible® (NASB). Copyright © 1960, 1962, 1963, 1968, 1971, 1972, 1973, 1975, 1977, 1995 by the Lockman Foundation. Used by permission. www.Lockman.org.

New Revised Standard Version Bible. Copyright © 1989 by Division of Christian Education of the National Council of the Churches of Christ in the United States of America. Used by permission. All rights reserved.

Holy Bible, New Living Translation. Copyright © 1996, 2004, 2015 by Tyndale House Foundation. Used by permission of Tyndale House Publishers, Inc., Carol Stream, Illinois 60188. All rights reserved.

The Holy Bible, King James Version. New York: American Bible Society: 1999; Bartleby.com, 2000.

1 Samuel 2:35

A M R M Y S E L F W P
C B I Y L M R I F R Q
C E F N M A D N I M T
O D S A I T L E D R K
R H E T I S S W A X M
D B O T A T T E A Y D
I E E U N B H E G Y L
N S Q F S I L F R V S
G I N T O E O I U N R
G A B Q N R L N S L M
M R D O G X E Y A H Z

"I will raise up for myself a faithful priest, who will do according to what is in my heart and mind. I will firmly establish his priestly house, and they will minister before my anointed one always."

RAISE
MYSELF
FAITHFUL
PRIEST
ACCORDING
HEART
MIND
FIRMLY
ESTABLISH
HOUSE
MINISTER
BEFORE
ANOINTED
ONE
ALWAYS

2 Samuel 7:12-13

R G B B E S K E S I A R
A Z N S U I Y D Y E R T
N N U I N I E A S B Y W
T O C G R E L T D F R K
H H D E C P A D O O L B
T O R C S B S R O V E R
M S U O L T E F L E S H
V S E I N V O M F N Z D
V K S R E E Y R A O Z B
K H D R R Y D Q S N D N

When your days are over and you rest with your ancestors, I will raise up your offspring to succeed you, your own flesh and blood, and I will establish his kingdom. He is the one who will build a house for my Name, and I will establish the throne of his kingdom forever.

DAYS
OVER
REST
ANCESTORS
RAISE
OFFSPRING
SUCCEED
FLESH
BLOOD
ESTABLISH
KINGDOM
BUILD
HOUSE
NAME
THRONE
FOREVER

Job 19:23-25

L N Z V M R E M E E D E R N
I Q D L E A D N M D J R K J
V B J E L Y E Z E R L X T N
E T P Y V T B B Y Y X T G X
S S Q E T A I R E V E R O F
Y M D I N R R S U N J M L X
L N R R C Z T G O P K W E G
K W D S O A W R N L O A J V
X M N V N W I T R E R N V T
W I K D M R Q S R T D K L R
K O R T Y R L A H D Q Q D W
O B N M G M R L D R M X L J
O G W K Z Z D J D R D D L M
B L Q K D V J G L D R B X M

"Oh that my words were written!
Oh that they were inscribed in a book!
Oh that with an iron pen and lead
they were engraved in the rock for ever!
For I know that my Redeemer lives,
and at the last he will stand upon
the earth."

WORDS
WRITTEN
INSCRIBED
BOOK
IRON
PEN
LEAD
ENGRAVED
FOREVER
KNOW
REDEEMER
LIVES
LAST
STAND
UPON
EARTH

Psalm 118:22-24

G D N C O R N E R S T O N E
L U F R E D N O W Z R Y V Y
S B V D E D G G J E T G B N
R E N L R J J N J W L D A Y
E C X O J J E O I A G R P Y
D O L L I W I C D O W K Q W
L M A D E C T X T B D O Y B
I E W Y E T H I S E G L N J
U B J P L L L J N R D V V J
B N R T K K Z R Y Z Q V Y R

The stone that the builders rejected
has now become the cornerstone.
This is the Lord's doing,
and it is wonderful to see.
This is the day the Lord has made.
We will rejoice and be glad in it.

BUILDERS
REJECTED
NOW
BECOME
CORNERSTONE
THIS
DOING
WONDERFUL
DAY
LORD
MADE
WILL
REJOICE
GLAD

Isaiah 4:2

B S B R A N C H G D
P L R N Z B R L A T
R R U O T D O Y A Y
L T I F V R R H G V
L E B D I I T O F V
Y X A O E T V R L D
R B U R P L U R N G
O S J N S I Y A U W
L L Y M T I L D E S
G W W M K D T L W B

In that day the Branch of the Lord will be beautiful and glorious, and the fruit of the land will be the pride and glory of the survivors in Israel.

THAT
DAY
BRANCH
LORD
BEAUTIFUL
GLORIOUS
FRUIT
LAND
PRIDE
GLORY
SURVIVORS
ISRAEL

Isaiah 9:1

D E E L I L A G Y H F
I A J D P K G N U U S
L F R R T T T M T E X
A O Y K D Y B U L T R
T R N Y N L R I B I R
H E D U E E T O A L N
P V E D L N S P L A J
A E L T E U S S D G L
N R L G I E B R J A L
B V I N D M O E N G N
B T F M B J E D Z X Z

Nevertheless, that time of darkness and despair will not go on forever. The land of Zebulun and Naphtali will be humbled, but there will be a time in the future when Galilee of the Gentiles, which lies along the road that runs between the Jordan and the sea, will be filled with glory.

TIME
DARKNESS
DESPAIR
FOREVER
LAND
ZEBULUN
NAPHTALI
HUMBLED
FUTURE
GALILEE
GENTILES
JORDAN
FILLED
GLORY

Isaiah 9:2

D G T J D G M N Q B W G
A Q Y E M Z N Z K X L D
R L E V L I V I N G E N
K P J Q S T L P K N M D
N B R E A I E E W L T W
E X E E G O L A S Z A X
S N R H P A D L K O J W
S G T L N R B K L Q H J
M G E D Y Y N L P T V T

The people walking in darkness
have seen a great light;
on those living in the land of
deep darkness
a light has dawned.

PEOPLE
WALKING
DARKNESS
SEEN
GREAT
LIGHT
THOSE
LIVING
LAND
DEEP
DAWNED

Isaiah 9:6

N S K D Y N J G R L V Y W X V R
M Z O X B J L M L T Y Y Q P N K
B R R N T N E M N R E V O G K J
T K Q O C R V N R M L K L J C N
E V E R L A S T I N G N N H E Y
W P W V E E L H W K Q R I V T N
O T R Y Z H S L O G Q L I H Z P
N M M I T Y T N E U D G G Q E V
D P D P N B B A U D L I L A B V
E T S E R C Z G F O M D C J R J
R Z J M Z R E O B D C E E T T R
F D B J L Z Y D B P D P R R R M
U Q T L B Z N R O B N V M N S R
L X Y Z K P Q Y V R X V R D K W

For a child is born to us,
a son is given to us.
The government will rest on
his shoulders.
And he will be called:
Wonderful Counselor, Mighty God,
Everlasting Father, Prince of Peace.

CHILD
BORN
SON
GIVEN
GOVERNMENT
REST
SHOULDERS
CALLED
WONDERFUL
COUNSELOR
MIGHTY
GOD
EVERLASTING
FATHER
PRINCE
PEACE

Isaiah 11:10

S Q M R M M B D P W N R Z
U D P T M K L E Q X D S Q
O L T G V X O R B X N T W
I P G M N P B Y R O L Z P
R S T R L I R R I D E D N
O M I E Q V L T O R K N T
L B S G B Z A L I O Y B S
G W M Z N N N U E L T T M
J E S S E A Q Y L W A M R
T M D B M N L A A N D D B
H N K D I Y H L D D V N Q
A K Q T K S M T K N W N Z
T V W V J N J R M K W Y T

On that day the root of Jesse shall stand as a signal to the peoples; the nations shall inquire of him, and his dwelling shall be glorious.

THAT
DAY
ROOT
JESSE
SHALL
STAND
SIGNAL
PEOPLES
NATIONS
INQUIRE
DWELLING
GLORIOUS

Isaiah 25:7-8a

X L B Y N Q C J L P M R M
Q O S R B B J A R T M L V
D R W T E A R S S D T M Z
A D A N J S Y Y C T Q D V
E L L T I A N O L P M X D
R N L N W A V O E P L B G
P R O A F E T O I D N L T
S P W A R L P N H T A E D
Z G C I I L E O U K A B G
D E N E E P J M V O V N T
S G V S I Y Y N L E M L J
Z Y Y W D B L R N M R L D

And he will swallow up on this mountain
the covering that is cast over all peoples,
the veil that is spread over all nations.
He will swallow up death forever;
and the Lord God will wipe away tears
from all faces.

SWALLOW
MOUNTAIN
COVERING
CAST
OVER
PEOPLES
VEIL
SPREAD
NATIONS
DEATH
LORD
WIPE
AWAY
TEARS
FACES

Isaiah 35:2b-3

S N O N A B E L T B P B T
Y P H A N D S R D Q S W V
L R L B D N W R R T J L Y
D E O E N C O U R A G E G
D T M L N L L E N D T M M
S I G R G D N G E V L L J
H R S X A G O S G R E E N
A E K P T C E R S E E N K
R D A H L R K W K B K B R
O J E M T A E R K R L V B
N N W S B N Y J L L V D T

The deserts will become as green as the mountains of Lebanon,
as lovely as Mount Carmel or the plain of Sharon.
There the Lord will display his glory,
the splendor of our God.
With this news, strengthen those who have tired hands,
and encourage those who have weak knees.

DESERTS
GREEN
LEBANON
CARMEL
SHARON
LORD
DISPLAY
GLORY
SPLENDOR
NEWS
STRENGTHEN
TIRED
HANDS
ENCOURAGE
WEAK
KNEES

Isaiah 42:1, 3b-4

D E G A R U O C S I D F
T U B Z G S H G R L A Y
H P R Q K O N Y M I P T
G H I T P I Z O T L T Y
I O N E H F N H I N T T
L L G C A J F E A T X Z
E D A L T U U V S N A J
D E T L L I R S K O P N
T E A N P E R R T Z H D
R M E R S W M I B I B C
M S W V T Y W N P R C R
S D P D B H J Y T S K E

"Here is my servant, whom I uphold,
my chosen one in whom I delight;
I will put my Spirit on him,
and he will bring justice to the nations.
In faithfulness he will bring forth justice;
he will not falter or be discouraged
till he establishes justice on earth.
In his teaching the islands will put
their hope."

SERVANT
UPHOLD
CHOSEN
DELIGHT
SPIRIT
BRING
JUSTICE
NATIONS
FAITHFULNESS
FALTER
DISCOURAGED
EARTH
TEACHING
HOPE

Isaiah 51:5

N G M K P T R P N T Y X M
A N E O R Z O O N W A I T
T O R O Y W I A B C N N R
I R C L E T T J O S O O N
O T Y R A S U M P G D W B
N S F V I S I G H L N N G
S U L D T N N O A L D P K
L A A I G I P N T B N D R
S X C R R E D W G X T M Q
M E M B M S R D D Z L L Q

"My mercy and justice are coming soon.
My salvation is on the way.
My strong arm will bring justice to the nations.
All distant lands will look to me and wait in hope for my powerful arm."

MERCY
JUSTICE
COMING
SOON
SALVATION
STRONG
ARM
BRING
NATIONS
DISTANT
LANDS
LOOK
WAIT
HOPE
POWERFUL

Isaiah 52:10

S Y R S S Z H Z N Q J Q
H T R E R E N O L G P Q
A N B Y Z A E P L W W M
L Y O E T G N W B Y R B
L K E I E D A M D P E L
L S O A T N N B N R D V
A N D M R A M M A Q D B
S L D N D T V B Y R Z Z
Q Z L R E K H L O A D V
D R D Q R T W L A O R D
B L N L R D Z D G S R M

The Lord hath made bare his holy arm in the eyes of all the nations; and all the ends of the earth shall see the salvation of our God.

LORD
MADE
BARE
HOLY
ARM
EYES
ALL
NATIONS
ENDS
EARTH
SHALL
SEE
SALVATION
GOD

Isaiah 60:16b, 17b

R N R P I P E A C E P T M
I J T E M S P D Q W V J R
G Q J Z M B R D D P T U Q
H V J E V E B A R K L T D
T Z V M K N E Z E E N B M
E V M Q R A L D R L B D G
O G K X O J M B E M Y L W
U W J M I G H T Y R E M G
S D L T V W O N K A E J N
N Q R J A T M Z D T V N P
E M N O S V Q E S Q T Y O
S Y L V L J R A Q B M M L
S Y V Y R B L D Y Y J Y L

You will know at last that I,
the Lord,
am your Savior and your Redeemer,
the Mighty One of Israel.
I will make peace your leader
and righteousness your ruler.

KNOW
LAST
LORD
SAVIOR
REDEEMER
MIGHTY
ONE
ISRAEL
MAKE
PEACE
LEADER
RIGHTEOUSNESS
RULER

Isaiah 60:19

G S Y O U R Y J Y G Z
N H G M R T L D N G B
I I Y M M L H U L R G
T N M Z I B S G I R B
S E G W T Y G G I J M
A D L E A B H O J L L
L M O D R T M L D L Y
R Y R G N O O O D D L
E N Y E T R M L O M Z
V W S Q D N B Z T N Y
E S B Z Z J P K Q B Q

The sun will no more be your light
by day,
nor will the brightness of the moon shine
on you,
for the Lord will be your everlasting light,
and your God will be your glory.

SUN
WILL
MORE
DAY
BRIGHTNESS
MOON
SHINE
LORD
YOUR
EVERLASTING
LIGHT
GOD
GLORY

Jeremiah 23:6

S S E N S U O E T H G I R
I C A L L E D D N M D M V
M S Z Z V Y E R N A K B R
W V R I V V S L O Y M L W
V L L A A B A N W L Y E J
H M Z S E J F T N Q Q B P
C Q T B M L E H W Y Z Y P
I D K M B D T Y A I L L L
H B X X S D Y G T D L W T
W Y M Y M J P L J D U L N
L T A N R N P W N V T J T
X D G X W J L Z D Z R T M

In his days Judah will be saved and Israel will live in safety. And this is the name by which he will be called: "The Lord is our righteousness."

DAYS
JUDAH
WILL
SAVED
ISRAEL
LIVE
SAFETY
NAME
WHICH
CALLED
LORD
RIGHTEOUSNESS

Jeremiah 29:11-13

E S O H T K D G I V E G Y T
Y M Q X R O T D G Z Y W J K
W O N K O E R F W L H W N N
R R D G P O T Z I O D L R K
M G X T L D Q S L N O V B J
Y B P R V N Z E A O D E J V
M D D H E S H N K S R X M P
M B O T L E Y Q R U I W M P
Y P S P A V P A T D L D L K
E I G R R W L U D J R A V G
L N T L N A F K B T N R J Q
N E T L L R Y W L S K J B Y
D J Y K P P R T D J G Y P W

"For I know the plans I have for you," says the Lord. "They are plans for good and not for disaster, to give you a future and a hope. In those days when you pray, I will listen. If you look for me wholeheartedly, you will find me."

KNOW
PLANS
LORD
GOOD
DISASTER
GIVE
FUTURE
HOPE
THOSE
DAYS
PRAY
LISTEN
LOOK
WHOLEHEARTED
FIND

Jeremiah 31:31

C R T Q S D L L I W
Y O Q J R A E K A M
L G V O U A Y H M M
E N L E R D O S N Y
R I W S N U A D N Y
U M I H S A A H T D
S O Q E E Y N E W D
V C N W S N W T B Y

The days are surely coming, says the Lord, when I will make a new covenant with the house of Israel and the house of Judah.

DAYS
SURELY
COMING
SAYS
LORD
WHEN
WILL
MAKE
NEW
COVENANT
HOUSE
ISRAEL
JUDAH

Micah 5:4-5a

H E N D S H K D M Y
T M B I T G R E A T
G L A R A E S I R A
N P A J H M F Q W L
E E E P E L E D J D
R M E A O S R R Y B
T H A C C O T E N O
S J K N L E Z Y J V

And He will arise and shepherd His flock
In the strength of the Lord,
In the majesty of the name of the Lord
His God.
And they will remain,
Because at that time He will be great
To the ends of the earth.
This One will be our peace.

ARISE
SHEPHERD
FLOCK
STRENGTH
LORD
MAJESTY
NAME
REMAIN
GREAT
ENDS
EARTH
ONE
PEACE

Haggai 2:6-7

N S E R T F K Z Z J J
S N P M I Q T J J J B
N O E L O W H I L E L
E I L R E C N S R O A
V T B E U N T Z R E Z
A A L K D S D D S M P
E N I A O H A O P L E
H D T H L R O E R A M
M R T S J A Y U R G N
Z Y L W X T N T S T G
Y L E R W R H D Z E K

For thus says the Lord of hosts: Once again, in a little while, I will shake the heavens and the earth and the sea and the dry land; and I will shake all the nations, so that the treasure of all nations shall come, and I will fill this house with splendor, says the Lord of hosts.

LORD
HOSTS
LITTLE
WHILE
SHAKE
HEAVENS
EARTH
SEA
DRY
LAND
TREASURE
NATIONS
COME
FILL
HOUSE
SPLENDOR

Malachi 3:1

R G P V T B M B G R Z L
E L T T R R K D D Q R L
G B Z Q N E M O C J G G
N Y M V V A M X A Q N X
E S U D D E N L Y I N T
S P Y N R M M E K T E D
S R R O D I R E V M R E
E N F E G S E T P O R Y
M E W H P S E L L I C L
B A T B Q A E N S B Z B
Y Y J K Y P R E D K Y K
N N J M M W D E Z R R T

"I will send my messenger, who will prepare the way before me. Then suddenly the Lord you are seeking will come to his temple; the messenger of the covenant, whom you desire, will come," says the Lord Almighty.

SEND
PREPARE
WAY
BEFORE
SUDDENLY
LORD
SEEKING
COME
TEMPLE
MESSENGER
COVENANT
DESIRE
ALMIGHTY

Malachi 4:2

S S E N S U O E T H G I R
W F R E E T R G N N D R D
I K L B U U N A I D M X W
N R Y O T I C L E B V J B
G B J S P A A E L F D B P
S V A A L E S I N T Z M Z
Y P E V H I K L U Y T D X
M L E N R E L N S X M M Q
T S T M L I B X D R G N Y
N A M E W X D M W Y V R M
Q Y O J T L Q T B Q P D Q

"But for you who fear my name, the Sun of Righteousness will rise with healing in his wings. And you will go free, leaping with joy like calves let out to pasture."

FEAR
NAME
SUN
RIGHTEOUSNESS
RISE
HEALING
WINGS
WILL
FREE
LEAPING
JOY
LIKE
CALVES
OUT
PASTURE

Matthew 3:16-17

G S S P L E A S E D Z Z X N
B N N P T Y J D A E V O D J
A E I B I E L L E W T B R B
P V J D S R I S B L Y Z D N
T A E U N G I E O P E N E D
I E S C H E L T R N M K D R
Z H Y T I O C E Z C R M M Y
E T I D V O T S A M Q N M R
D N O E Z A V M E X Q T L M
G G D B W N E N R D K T W L

And when Jesus had been baptized, just as he came up from the water, suddenly the heavens were opened to him and he saw the Spirit of God descending like a dove and alighting on him. And a voice from heaven said, "This is my Son, the Beloved, with whom I am well pleased."

JESUS
BAPTIZED
CAME
WATER
HEAVENS
OPENED
SPIRIT
GOD
DESCENDING
DOVE
ALIGHTING
VOICE
SON
BELOVED
WELL
PLEASED

Matthew 11:28-30

B P S R E K A T T Z
J U E L L E A S Y W
L S R E U E C O M E
T I Q D L O A Z Y H
Y L G A E T S R E R
D L B H N N N A N H
E O W E T Y V E E L
R V D O O Y Q A G J
Q A I K L M R Y J N
L P E G Y T Q Y B L

"Come to me, all who labor and are heavy laden, and I will give you rest. Take my yoke upon you, and learn from me, for I am gentle and lowly in heart, and you will find rest for your souls. For my yoke is easy, and my burden is light."

COME
LABOR
HEAVY
LADEN
GIVE
REST
TAKE
YOKE
LEARN
GENTLE
LOWLY
HEART
SOULS
EASY
BURDEN
LIGHT

Matthew 12:17-18

P F U L F I L L X J R
R R R T P C P E H M D
O Y O Q H H H G V N L
P J M C A G U O M O N
H L U I L O I T S N L
E S A S R A N L A E T
T S P H T A I T E I N
I R T O V I I M R D R
R R K R K O C I Y B W
B R E M N E P E R N M
W S W S L S N P N D L

This was to fulfill what was spoken through the prophet Isaiah:
"Here is my servant whom I have chosen,
the one I love, in whom I delight;
I will put my Spirit on him,
and he will proclaim justice to the nations."

FULFILL
SPOKEN
THROUGH
PROPHET
ISAIAH
SERVANT
CHOSEN
LOVE
DELIGHT
SPIRIT
PROCLAIM
JUSTICE
NATIONS

Matthew 12:20-21

B X Y V Q U E N C H K B B L
L P P I T D Z N T A B N S Z
L B B C X W R L E K B E B T
N Y Z T R B D R B Y L R V D
S V Q O N D B D T I U Y D M
M M N R Q D W M T I R V E T
T Y O Y T I N N S Y B C D Z
J Y B L C N E E G L I T N U
S E N K D G D Y L T R M Y D
G B M M B E R Q S D Q E D D
N Q B A G D R U Z J B R E H
I Q T Y N T J I N Z P G O D
R M L J N T V L N Y L P J Q
B J P J L V Q M B G E N T R

"He will not break a bruised reed or quench a smoldering wick until he brings justice to victory. And in his name the Gentiles will hope."

BREAK
BRUISED
REED
QUENCH
SMOLDERING
WICK
UNTIL
BRINGS
JUSTICE
VICTORY
NAME
GENTILES
HOPE

Matthew 24:30-31

D Q G Q Q P T R I B E S M K
L N N R N X L Z R Y J O Y Z
Y K I T P S G B R T U T G K
Y N M R Q R D O R R E W O P
G R O Y E N L U N T C E L E
Z A C A P G M R O B L R J B
K B T S S P M T K L R Y M N
N M I H E L M X M J C K E A
B G R T E T E N Y K B V P Z
N R R G R R V G X B A P S X
Q T J Y T Y R Q N E E O Y N
X K M T Z P N Z H A N Z L Z
N B D Z G J X D R Z X M G R

Then the sign of the Son of Man will appear in heaven, and then all the tribes of the earth will mourn, and they will see "the Son of Man coming on the clouds of heaven" with power and great glory. And he will send out his angels with a loud trumpet call, and they will gather his elect from the four winds, from one end of heaven to the other.

SIGN
SON
APPEAR
HEAVEN
TRIBES
MOURN
COMING
CLOUDS
POWER
GREAT
GLORY
ANGELS
TRUMPET
GATHER
ELECT

Mark 4:30-32

P G X X L S X T S Y R M R
L A T K H T S E L M G J L
A R K A B E H Y D L P J N
N D D I L C D R A T S U M
T E J L N G S R P G N G V
E N A A R G G U R X S V K
D M R O N E D O S D M M Q
S B U S S E W O R E G T V
G N N T E S S I M N J N M
D O B Y D E B T O R R M X
Y P D R X G D L S T X R J

Jesus said, "How can I describe the Kingdom of God? What story should I use to illustrate it? It is like a mustard seed planted in the ground. It is the smallest of all seeds, but it becomes the largest of all garden plants; it grows long branches, and birds can make nests in its shade."

JESUS
KINGDOM
GOD
MUSTARD
SEED
PLANTED
GROUND
SMALLEST
LARGEST
GARDEN
GROWS
LONG
BRANCHES
BIRDS
NESTS
SHADE

Luke 1:32-33

F Z R G G D G K B D R O L
D O O O A Q I E V I G T R
E D R V T N E N O R H T Y
L T I E G S I S N N M J Z
L D A D V S E G O Y Y N D
A T O E R E I C Y N L N T
C M S A R E R R N H D N T
V P E O R G E Z G A W G B
Q L J X M V K I B N M V J
J P L N P D H V Y K K M R

"He will be very great and will be called the Son of the Most High. The Lord God will give him the throne of his ancestor David. And he will reign over Israel forever; his Kingdom will never end!"

VERY
GREAT
CALLED
SON
MOST
HIGH
LORD
GOD
GIVE
THRONE
ANCESTOR
DAVID
REIGN
ISRAEL
FOREVER
KINGDOM

Luke 1:67-69

B L E S S E D H O R N
F D H T N A V R E S L
V I B A L D P D A D W
D D L J I E E L R D J
E E D L O R V S M O V
T L M P E A A N I I L
I I L E T D E H S A Y
S E R I E S I R C L R
I Z O I U D A V O E V
V N Z O P E E H A D Z
Z W H N L S N R L D Y

And his father Zechariah was filled with
the Holy Spirit and prophesied, saying,
"Blessed be the Lord God of Israel,
for he has visited and redeemed
his people
and has raised up a horn of salvation
for us
in the house of his servant David."

ZECHARIAH
FILLED
HOLY
SPIRIT
BLESSED
LORD
ISRAEL
VISITED
REDEEMED
PEOPLE
RAISED
HORN
SALVATION
HOUSE
SERVANT
DAVID

Luke 12:36

G V D K D C S M T T I
N J J Y O K N G F M N
I L D M C X P E M L W
D T E O M E A E P A L
D S N P O S D E I O M
E K N P T I W T K A V
W V L R A V I H S I M
X E O T U N B T E N L
X O E D G T E R Y N J
D L B Y X R E M R J D
Y K R Y X X P R K Y L

You are also to be like people who are waiting for their master when he returns from the wedding feast, so that they may immediately open the door for him when he comes and knocks.

LIKE
PEOPLE
WAITING
MASTER
RETURNS
WEDDING
FEAST

IMMEDIATELY
OPEN
DOOR
WHEN
COMES
KNOCKS

John 1:1-5

G S E N I H S H S X R
N S E K B L G S N M Q
I G A M B U E L I F E
N N L J O N H G L D V
N I L R K C N T N J L
I H H R L I R I I M N
G T A W H I K E A W B
E D D T O N G D V N B
B T O Z A R E H M O M
J N G M G R D X T Q T

In the beginning was the Word, and the Word was with God, and the Word was God. He was with God in the beginning. Through him all things were made; without him nothing was made that has been made. In him was life, and that life was the light of all mankind. The light shines in the darkness, and the darkness has not overcome it.

BEGINNING
WORD
WITH
GOD
THROUGH
ALL
THINGS
MADE
NOTHING
LIFE
LIGHT
MANKIND
SHINES
DARKNESS
OVERCOME

John 1:12-13

L N B B E C O M E
D L E B L O O D B
E E A R R N E Z Z
V Q V E D V R F K
A G W I E L L O L
G O N I E E I L B
P D L A S C I H M
Y E M H M W E A C
B R K R M E N R Z

But to all who received him, who believed in his name, he gave power to become children of God, who were born, not of blood or of the will of the flesh or of the will of man, but of God.

ALL
RECEIVED
BELIEVED
NAME
GAVE
POWER
BECOME
CHILDREN
GOD
BORN
BLOOD
WILL
FLESH
MAN

John 1:14

Y	L	N	O	H	Y	N	L	M
L	M	M	T	Q	E	N	Z	B
Q	Q	U	B	E	F	U	L	L
D	R	H	S	E	L	F	F	K
T	E	M	G	G	C	A	Q	E
W	T	V	N	L	T	A	C	J
J	O	O	I	H	O	A	M	N
L	M	R	E	L	R	R	O	E
A	L	R	D	G	Q	S	Y	Q

And the Word became flesh and lived among us, and we have seen his glory, the glory as of a father's only son, full of grace and truth.

WORD
BECAME
FLESH
LIVED
AMONG
SEEN
GLORY
FATHER
ONLY
SON
FULL
GRACE
TRUTH

John 3:16-17

S W H G U O R H T E
D E H P V S G S F L
L L V O E J E I O J
A O G E E R L N N N
N V N B I V I M D Y
R E T D Y L E S D T
E D G L L D E R H S
T D N A N R R B A K
E O D O V L O V X D
K G C R L E E W T Q

For God so loved the world that he gave his one and only Son, that whoever believes in him shall not perish but have eternal life. For God did not send his Son into the world to condemn the world, but to save the world through him.

GOD
LOVED
WORLD
GAVE
ONLY
SON
WHOEVER
BELIEVES
PERISH
ETERNAL
LIFE
SEND
CONDEMN
SAVE
THROUGH

John 3:35-36a

S E V E R Y T H I N G
F D M Z W W L T O S Y
L A N R E T E O E H I
I N T A G D M V V N W
F Y G H H B E R T E T
E O G Z E I Y O Y U S
D N M G L R R P P D B
J E P E W D Z N O S M
W X B N Y M N Q T R D

The Father loves his Son and has put everything into his hands. And anyone who believes in God's Son has eternal life.

FATHER
LOVES
SON
PUT
EVERYTHING
INTO
HANDS
ANYONE
WHO
BELIEVES
GOD
ETERNAL
LIFE

John 4:13-14

T S M M Y A B S J Z S M V V
D L P J D G T M O U L B N K
W X X R M A T T S O E Y J T
Q E T B I I V E Y V N D T T
B T Q H U N J V I M L Q Q B
A E J F I B G G R R N N V W
N R C Y R R B R L I F E V X
Y N R O E E S L H D R I N K
O A W V M X S T I W A T E R
N L E R Z E I H Y N Y B Q J
E N P Q B W S K N N G T R L

Jesus replied, "Anyone who drinks this water will soon become thirsty again. But those who drink the water I give will never be thirsty again. It becomes a fresh, bubbling spring within them, giving them eternal life."

JESUS
ANYONE
SOON
DRINK
WATER
GIVE
NEVER
THIRSTY
AGAIN
BECOMES
FRESH
BUBBLING
SPRING
WITHIN
ETERNAL
LIFE

John 4:36

H A Y R Y R E J L J M Q X
A M W O L F Z A G D J Z B
R B J A I R N P E O P L E
V P R L I R P Y Z H G G J
E L T O E T S A T B N X Q
S A A T U E S O I Q Y R J
T N E L G G B Y Z D Y M P
E T R A I O H F R U I T N
R E W D R K O T R G T N K
S R R R R L E D M Z N M L

"The harvesters are paid good wages, and the fruit they harvest is people brought to eternal life. What joy awaits both the planter and the harvester alike!"

HARVESTERS
PAID
GOOD
WAGES
FRUIT
PEOPLE
BROUGHT
ETERNAL
LIFE
JOY
AWAITS
BOTH
PLANTER
ALIKE

John 5:24

H N N Y D A E R L A S J J Y
T E D E X R J T M T H N D Q
U T G Q T R N L E T V E I K
R E L A D S Z E A R N K B S
T L I M S P I E V M N E V Z
Y L F G Q S D L E E L A N Y
M M E D D D E D D I R B L L
D P M X E L N M E M P Z Z K
M Q Y S W O B V V V T D T N
R Y S T C L E L X K R Z X M
D A Q T N T B J D J R J J G
P O J K D E L R D T D T T Y
X K G L W J S J Q Y L M X Y

"I tell you the truth, those who listen to my message and believe in God who sent me have eternal life. They will never be condemned for their sins, but they have already passed from death into life."

TELL
TRUTH
LISTEN
MESSAGE
BELIEVE
GOD
SENT
ETERNAL
LIFE
NEVER
CONDEMNED
SINS
ALREADY
PASSED
DEATH

John 5:25

C O M I N G J E W Y
Z N T V Z D M L Y N
M E H Z O I Z D Q R
D T O G T I E V I L
A S S U R E C E M K
E I E N D S R E N J
D L O N L E O R T Y
Y W I B H K T N W R

"And I assure you that the time is coming, indeed it's here now, when the dead will hear my voice—the voice of the Son of God. And those who listen will live."

ASSURE
TIME
COMING
INDEED
HERE
NOW
DEAD
VOICE
SON
GOD
THOSE
LISTEN
LIVE

John 6:27

S P K Q W E Y P Z Y R
E E Q R F I E N A M L
R F T I O R L F B P K
U A L E I W O L M M R
D T N S R O Y G R R T
N H H O D N I S E A L
E E K P S V A D O G W
S R J Y E T B L L V R

"Do not work for the food that perishes, but for the food that endures for eternal life, which the Son of Man will give you. For it is on him that God the Father has set his seal."

WORK
FOOD
PERISHES
ENDURES
ETERNAL
LIFE
SON
MAN
WILL
GIVE
GOD
FATHER
SEAL

John 6:35

Y	T	S	R	I	H	T	J	B	S	Q	Q
R	E	V	E	O	H	W	E	E	S	L	Y
R	H	T	R	B	T	L	M	U	E	R	T
S	T	U	L	P	I	O	S	F	R	Z	P
G	A	L	N	E	C	E	I	L	Q	B	L
Z	I	I	V	G	J	L	D	A	E	R	B
W	B	E	D	W	R	L	L	N	J	T	X
J	S	X	Y	B	X	Y	N	E	V	E	R

Jesus said to them, "I am the bread of life. Whoever comes to me will never be hungry, and whoever believes in me will never be thirsty."

JESUS
SAID
BREAD
LIFE
WHOEVER
COMES
WILL
NEVER
HUNGRY
BELIEVES
THIRSTY

John 6:39-40

N E V I G N Y V L M N Q
O S E N T L Y E L B K E
T R T L O D T W I M F J
H V E S T E Z J W I Y R
I Q E V R S R J L Y E P
N D P N E A A D M H Q Y
G Y A D I I R L T D R J
S L D S N V L A Y K G D
J O E K D Q F E Y Y B K
L J N Z J Y G T B D B B

"And this is the will of him who sent me, that I should lose nothing of all that he has given me, but raise it up on the last day. This is indeed the will of my Father, that all who see the Son and believe in him may have eternal life; and I will raise them up on the last day."

WILL
SENT
LOSE
NOTHING
GIVEN
RAISE
LAST
DAY
FATHER
SON
BELIEVE
ETERNAL
LIFE

John 6:47-50

S H T U R T E D W A
N S L M E N A F N T
S W E A A E D C I L
L E T N R N E I E L
A S V B R S N N E H
N N V E T E O A E D
R J E O I Y D A P T
E T R V N L V L E G
T S V A E E E L I Z
E T Q Z N R L B L W

"I tell you the truth, anyone who believes has eternal life. Yes, I am the bread of life! Your ancestors ate manna in the wilderness, but they all died. Anyone who eats the bread from heaven, however, will never die."

TELL
TRUTH
ANYONE
BELIEVES
ETERNAL
LIFE
BREAD
ANCESTORS
MANNA
WILDERNESS
DIED
EATS
HEAVEN
NEVER

John 6:51

R N B M G L L L I F E
Z E E I B L L I T Y F
L D V V J I D L V L X
I E A E A W Z O E E P
V W Y E R E M S W R R
I R N L R O H C E N K
N Q R L Z B F N A S D
G D L R O W O M I M S
D J L L B Y L H B T E
B L Y K N K T R A J Q
B L K A G R Q E B J L

"I am the living bread that came down from heaven. If anyone eats of this bread, he will live forever. And the bread that I will give for the life of the world is my flesh."

LIVING
BREAD
CAME
DOWN
HEAVEN
ANYONE
EATS
THIS
WILL
LIVE
FOREVER
GIVE
LIFE
WORLD
FLESH

John 8:12

S H N P E M E S B T M
S R A R M L D E E B J
E F O V P A C F S M N
N M O O E A I U X J Y
K S E L U L S L T Z M
R P E S L E T H G I L
A O E C J O D L R O W
D K Z Q N K W A L K W
Y E D T G O M Y Y M N

Jesus spoke to the people once more and said, "I am the light of the world. If you follow me, you won't have to walk in darkness, because you will have the light that leads to life."

JESUS
SPOKE
PEOPLE
ONCE
MORE
LIGHT
WORLD
FOLLOW
WALK
DARKNESS
BECAUSE
HAVE
LEADS
LIFE

John 10:8-9

L H G U O R H T B N D J L
P I Y E B Q H Y E D N I F
A R S R N I Y T W R Q M B
S R E T E T A L N Q B R N
T R O V E G E E P E E H S
U S E B E N R R M V Q L G
R S A C B O E A S T Y R Y
E Q O V F E H D L W L L R
Z M L E E N R W X L V T R
E X B M G D P S R R D L D

All who have come before me are thieves and robbers, but the sheep have not listened to them. I am the gate; whoever enters through me will be saved. They will come in and go out, and find pasture.

ALL
COME
BEFORE
THIEVES
ROBBERS
SHEEP
LISTENED
GATE
WHOEVER
ENTERS
THROUGH
SAVED
FIND
PASTURE

John 10:27-29

R E H T A F V O I C E
G R E A T E R E X D L
H F L N V K T X S N V
S H O I E E N N Y Q J
I E G L R V A O S L L
R A F N L T E H W G L
E R A I C O E R N D Y
P L L H L E W H A N D
M B P M P Y K M G Y P

My sheep hear my voice. I know them, and they follow me. I give them eternal life, and they will never perish. No one will snatch them out of my hand. What my Father has given me is greater than all else, and no one can snatch it out of the Father's hand.

SHEEP
HEAR
VOICE
KNOW
FOLLOW
GIVE
ETERNAL
LIFE
NEVER
PERISH
SNATCH
HAND
FATHER
GREATER

John 11:25-26

N O I T C E R R U S E R
Z T Z P R G L L R T T Z
E N O Y R E V E H H S T
V E J D P L J O O A M N
E V I E I N U S I K W P
I E M F S G E D L I R Z
L R E J H U E V L B R D
E Y D P D V S L E W Y Q
B M M Z I Z Z P T T L J
Y W N L R N W Z D Q M Y

Jesus said to her, "I am the resurrection and the life. Those who believe in me, even though they die, will live, and everyone who lives and believes in me will never die. Do you believe this?"

JESUS
SAID
RESURRECTION
LIFE
THOSE
BELIEVE
EVEN
THOUGH
DIE
WILL
LIVE
EVERYONE
NEVER

John 14:1-3

E A L W A Y S E Z T
E V R E Z C C J D G
R S E J M A O E J H
A T A R L O L M G N
P R D P Y B H U E F
E A Y G U T O D A N
R E Z O R N H T O R
P H R U E K H I O G
P T S G J E V O N N
D T R W R M M K M G

Don't let your hearts be troubled. Trust in God, and trust also in me. There is more than enough room in my Father's home. If this were not so, would I have told you that I am going to prepare a place for you? When everything is ready, I will come and get you, so that you will always be with me where I am.

HEARTS
TROUBLED
TRUST
GOD
ENOUGH
ROOM
FATHER
HOME
PREPARE
PLACE
EVERYTHING
READY
COME
ALWAYS

John 14:6-7

L I F E Y Z D N V Q
D E R E W S N A N H
F H G U O R H T T D
E A R K S J K U V L
S X T E Y E R N L M
U W C H A T M E O S
S A X E E L W O E W
E Y D N P R L E C Y
J K N K Y T N Y L Z

Jesus answered, "I am the way and the truth and the life. No one comes to the Father except through me. If you really know me, you will know my Father as well. From now on, you do know him and have seen him."

JESUS
ANSWERED
WAY
TRUTH
LIFE
COMES
FATHER
EXCEPT
THROUGH
REALLY
KNOW
WELL
SEEN

John 14:12-14

B T Y F W O R K S
E R E T A E R G L
L U J N M T N B D
I T B A O I H G V
E H N R H Y N E Y
V N L T I I N R R
E A Y L O N O A S
S N S G E L G O B
A D W K G T N V N

I tell you the truth, anyone who believes in me will do the same works I have done, and even greater works, because I am going to be with the Father. You can ask for anything in my name, and I will do it, so that the Son can bring glory to the Father. Yes, ask me for anything in my name, and I will do it!

TELL
TRUTH
ANYONE
BELIEVES
WORKS
GREATER
GOING
FATHER
ASK
ANYTHING
NAME
SON
BRING
GLORY

John 14:26-27

T R O U B L E D T K
Q F T R L V L E R D
E A N L I E A E L H
T T Y G A C M R E Y
I H A V H I O A L A
R E E C N W R O F J
I R C D O T H R Z E
P W N A S V A B M L
S E J M E I D A M N
S V W J D P N A G J

But the Advocate, the Holy Spirit, whom the Father will send in my name, will teach you all things and will remind you of everything I have said to you. Peace I leave with you; my peace I give you. I do not give to you as the world gives. Do not let your hearts be troubled and do not be afraid.

ADVOCATE
HOLY
SPIRIT
FATHER
SEND
NAME
TEACH
REMIND
PEACE
LEAVE
GIVE
WORLD
HEARTS
TROUBLED
AFRAID

John 15:1-3

R E C U D O R P R G D M M B
A E N B M J P A Y E R T R T
P L N I J E E Q I L Z R T N
R N R E V B S F B R A N C H
U E J E D E I S V D N Y D M
N L H L A R P T A T Q P M T
E Y E T U D A A Y G T L R N
S E R P A M Y G R I E D K G
T U O E I F R B U G K P Y M
U R M N V Y Q R W Z T L Z L
C T E T M E F N V D Y K Z T

"I am the true grapevine, and my Father is the gardener. He cuts off every branch of mine that doesn't produce fruit, and he prunes the branches that do bear fruit so they will produce even more. You have already been pruned and purified by the message I have given you."

TRUE
GRAPEVINE
FATHER
GARDENER
CUTS
EVERY
BRANCH
MINE
PRODUCE
FRUIT
PRUNES
BEAR
MORE
ALREADY
PURIFIED
MESSAGE

John 16:33

T A K E T T T O
P Q W O S R V T
E E L O O E T N
V D A U R H H T
A U B C I L R T
H L O N E A D M
E M G Y E R A W
E S D H D Y P D

"I have told you these things, so that in me you may have peace. In this world you will have trouble. But take heart! I have overcome the world."

TOLD
THESE
THINGS
YOU
MAY
HAVE

PEACE
WORLD
TROUBLE
TAKE
HEART
OVERCOME

John 17:2b-3

G W K E V T O N L Y
L I A N S L L Y G M
Z C V I O A A H R Y
H S R E N W T L D T
T H U R S R I E Q L
C N E S A F U D O G
Z T E E E R L Q L V
E M N S T J V Q D R

He gives eternal life to each one you have given him. And this is the way to have eternal life—to know you, the only true God, and Jesus Christ, the one you sent to earth.

GIVES
ETERNAL
LIFE
EACH
WAY
KNOW
ONLY
TRUE
GOD
JESUS
CHRIST
SENT
EARTH

Acts 3:25-26

B G T T J Q M V O V D Z N Z D B
L N T Q D Q J F J L N L B T W M
E I M P R E F X D T D Y B T K K
S N D Q P S K W Y E J Z M W Q X
S R G W P B P C S Y N D P W D W
E U Y R T X C I I Y L R L R Y B
D T I D N V A O G W T P M V B N
N N T R A R E O V S K B B F B J
G J K N V N D A E E Z M A T S Z
M A H A R B A L R B N T S T B Y
X Z K Y E B P G B T H A E E Y J
H V J X S O B N M E H H N Y N Q
W E G Q E J Z J R R P W X T J T
J Z I P M B Z S L O B A D X X R
W Z M R L R M V R K V Y Z K B K
R X J V S P T P W J W S G N N J

"And you are heirs of the prophets and of the covenant God made with your fathers. He said to Abraham, 'Through your offspring all peoples on earth will be blessed.' When God raised up his servant, he sent him first to you to bless you by turning each of you from your wicked ways."

HEIRS
PROPHETS
COVENANT
GOD
FATHERS
ABRAHAM
OFFSPRING
PEOPLES
EARTH
BLESSED
RAISED
SERVANT
SENT
TURNING
WICKED
WAYS

Acts 4:12

N X N Y B N Z D O V G M T
S A L V A T I O N T D M E
U Y T K R E K V D Y H M L
R N R Z Z Q L M V R A E A
B M D B M X L S D N V M R
Q O N E V I G W E E O D M
R R N H R G H D J N V U N
N T B K E I N L G Q S A W
B A V M C A L Y N T G P S
Q L B H L Z V R M Q X N P
N S Q L K K Q E Y V G Q Z
Y R W B J N X B N M G L D

"There is salvation in no one else, for there is no other name under heaven given among mortals by which we must be saved."

SALVATION
ELSE
OTHER
NAME
UNDER
HEAVEN
GIVEN
AMONG
MORTALS
WHICH
MUST
SAVED

Acts 5:31-32

W F O R G I V E N E S S B
O I T E M Z C D C J T M M
S N T Q X N L N T Z J D R
I P E N I A A S A V I O R
S H I R E T L R I G H T D
R A P R N S T T M L Z N K
A N S E I N S Y E Y Y N T
E D P I A T L E E D W L Z
L E X R N O J B S G O D L
R P G Z H S O R K V B M J

"He is the one whom God exalted to His right hand as a Prince and a Savior, to grant repentance to Israel, and forgiveness of sins. And we are witnesses of these things; and so is the Holy Spirit, whom God has given to those who obey Him."

ONE
GOD
EXALTED
RIGHT
HAND
PRINCE
SAVIOR
GRANT
REPENTANCE
ISRAEL
FORGIVENESS
SINS
WITNESSES
HOLY
SPIRIT
OBEY

Acts 13:22-24

D E S C E N D A N T S
T I A J E S S E X E T
E S V B Y H S K C D Y
S R I D R I E N I P G
T A O B M O A A D N J
I E R O A T U E R G G
F L R D N P S G N T S
I P G E A I T I H U J
E R P O A V M I S T M
D E R R D O I E S W L
R Q Y P C Y J D N M D

"After He had removed him, He raised up David to be their king, concerning whom He also testified and said, 'I have found David, the son of Jesse, a man after My heart, who will do all My will.' From the descendants of this man, according to promise, God has brought to Israel a Savior, Jesus, after John had proclaimed, before His coming, a baptism of repentance to all the people of Israel."

RAISED
DAVID
KING
TESTIFIED
JESSE
HEART
DESCENDANTS
PROMISE
GOD
BROUGHT
ISRAEL
SAVIOR
JESUS
COMING
BAPTISM
REPENTANCE

Acts 17:31

S V V J P R O O F R R W
M E W T U G J T Q J R N
A A T I Q D I F R O M N
N P J X L M G V X R Y J
Y P D U E L T E E V R J
G O D W S V G D G N B T
Z I Y Z H T E N A T D Y
W N Y M G E I R B Y D W
O T Q T T S N C Y A Z T
R E D Z I D W M E O Y L
L D N A L L R D J R N B
D N R Q L D N T N N X E

"For he has set a day when he will judge the world with justice by the man he has appointed. He has given proof of this to everyone by raising him from the dead."

SET
DAY
WHEN
WILL
JUDGE
WORLD
JUSTICE
MAN
APPOINTED
GIVEN
PROOF
EVERYONE
RAISING
FROM
DEAD

Romans 3:23-24

T H G I R S S X Y M B M
D Y D J R N H V D O G F
M L R R I M M O G L A B
E M D S A G G L R L N J
P V E T J D O R L T Y M
E T E N S R N M A L P B
N H R R I I D A E C L J
A G F O Y J R E T D E G
L I U V E O R H N S L T
T S B S L F N Q C N T G
Y B U P Y P V E V K I B
D S T N T Z V Y Y B G S

For everyone has sinned; we all fall short of God's glorious standard. Yet God, in his grace, freely makes us right in his sight. He did this through Christ Jesus when he freed us from the penalty for our sins.

EVERYONE
SINNED
FALL
SHORT
GLORIOUS
STANDARD
GOD
GRACE
FREELY
RIGHT
SIGHT
CHRIST
JESUS
FREED
PENALTY
SINS

Romans 5:2

C U J C H R I S T N K W
B O N O P L A C E M K L
P B N D Y D R A W R O F
D R B F E F Y R O L G M
N O I D I S U B Y N B Z
A U O V Q D E L I M Q J
T G F Z I C E R L O O K
S H M A A L A N V Y W L
Z T R U I H E Y T E T T
B D S N S T N G L L D M
L E R Q V B H Y E N Y W

Because of our faith, Christ has brought us into this place of undeserved privilege where we now stand, and we confidently and joyfully look forward to sharing God's glory.

BECAUSE
FAITH
CHRIST
BROUGHT
PLACE
UNDESERVED
PRIVILEGE
STAND
CONFIDENTLY
JOYFULLY
LOOK
FORWARD
SHARING
GOD
GLORY

Romans 5:3-5a

S T R E N G T H J E P B W
T N E D I F N O C L R T D
S J R W W X Z N E E N U R
A M T E T O A H J Q D N Z
L V E B T R N O J E K Y Z
V N T L U C I K V N S T W
A W D D B C A E X L Y D Q
T H N B E O L R A T Z K T
I E O M G O R I A J J B D
O P Z P P M R P Y H L G R
N W Z J E T Y D Z X C T D

We can rejoice, too, when we run into problems and trials, for we know that they help us develop endurance. And endurance develops strength of character, and character strengthens our confident hope of salvation. And this hope will not lead to disappointment.

REJOICE
RUN
PROBLEMS
TRIALS
KNOW
HELP
DEVELOP
ENDURANCE
STRENGTH
CHARACTER
CONFIDENT
HOPE
SALVATION

Romans 5:6-8

G O O D D E E W E R L L
T H M B M V I M R Y V J
S T E A O L I N D Q B X
I R C L L T H G I R P U
R T E I P G N I D N E S
H H N N Y L R E T T U V
C G O D N Y E G R E A T
D I Q D E I D S M T Z T
T R D V L Q S J S W W L

When we were utterly helpless, Christ came at just the right time and died for us sinners. Now, most people would not be willing to die for an upright person, though someone might perhaps be willing to die for a person who is especially good. But God showed his great love for us by sending Christ to die for us while we were still sinners.

UTTERLY
HELPLESS
CHRIST
CAME
RIGHT
TIME
DIED
SINNERS
WILLING
UPRIGHT
GOOD
GOD
GREAT
LOVE
SENDING

Romans 5:21

D Y L M K Q G N W M L V M
L Z D P L O Y O I L J J B
S T A N D I N G A S R Y T
P Y H O D D L N D T J M Y
R E V G E E R Q S E F I L
J E O R U E L I K H X Q B
R E F P T O R U T J J M D
X U S E L H R A R I G H T
L Z L U C E E B E C A R G
D R O L S D L P J B Z L Z

So just as sin ruled over all people and brought them to death, now God's wonderful grace rules instead, giving us right standing with God and resulting in eternal life through Jesus Christ our Lord.

SIN
RULED
OVER
PEOPLE
BROUGHT
DEATH
GOD
WONDERFUL
GRACE
RIGHT
STANDING
ETERNAL
LIFE
JESUS
CHRIST
LORD

Romans 6:22-23

N O I T A C I F I T C N A S
E T L S M Q J X W W Y G E G
M T I V J B L M A Y K E Q Q
S N E G V R N G W B R R N L
Z E D R L N E C Q F J G Q R
M D V N N S M L H Q J R T Q
T Z L A Y A N J B R T N H G
I R M T L W L I F E I T K L
U G I F T S S B W P A S D J
R D L Y Z D S U S E J M T Y
F R Q N A N X N D D V X Y G
Z O W E Z R L N N Y O K M B
Z L L Y D L J Z J K R G Z T

But now that you have been set free from sin and have become slaves of God, the fruit you get leads to sanctification and its end, eternal life. For the wages of sin is death, but the free gift of God is eternal life in Christ Jesus our Lord.

FREE
SIN
SLAVES
GOD
FRUIT
LEADS
SANCTIFICATION
ETERNAL
LIFE
WAGES
DEATH
GIFT
CHRIST
JESUS
LORD

Romans 8:18-19

E D E L A E V E R S D
C X L R J W G R U O C
R R P G E L A F G O K
E N T E O D F I M L P
A P E R C E I P T R Y
T W Y R R T A S E S W
I E O I D R A S N I P
O A N R I L E T L O L
N G Y N T N I L I T C
S E G T T H X H K O J
R R L M K R L J C W N

I consider that our present sufferings are not worth comparing with the glory that will be revealed in us. For the creation waits in eager expectation for the children of God to be revealed.

CONSIDER
PRESENT
SUFFERINGS
WORTH
COMPARING
GLORY
WILL
REVEALED
CREATION
WAITS
EAGER
EXPECTATION
CHILDREN
GOD

Romans 8:23-25

F A T I B O D I E S D B L
I M D D N D T G T E M R P
R E Z O Y W T R V Q D P N
S A C Y P M A A M T W O G
T G R Y D T S R I B I J T
F E E G B N I R D T Q B E
R R A Q N L I O P Q T C D
U D T V D P W M N I N N N
I H I G S M E N A E X N J
T D O N R D P W I S D J T
S B N P E O R T D Y E L T
T W M R E K A K R J M E L
Q Q M Z L P Z N N T B X N

And not only the creation, but we ourselves, who have the firstfruits of the Spirit, groan inwardly as we wait eagerly for adoption as sons, the redemption of our bodies. For in this hope we were saved. Now hope that is seen is not hope. For who hopes for what he sees? But if we hope for what we do not see, we wait for it with patience.

CREATION
FIRSTFRUITS
SPIRIT
GROAN
INWARD
WAIT
EAGER
ADOPTION
REDEMPTION
BODIES
HOPE
SAVED
SEEN
PATIENCE

Romans 8:38-39

S E P A R A T E K E R M T
Y S N O M E D G O D V W D
K C F E P S Y P B Z Y O N
Z M O U I R L D O P B O L
K Y Y N T T Q E T W I Y D
E F I L V U H T G T E E J
T D M W P I R E A N A R C
R H J P R Y N E R T A H S
L P G E E N R C H D R B H
O L B I S C D T E I J T W
R T K K E U Q N S D P T T
D Z M L N H S T P E Q L R
B Z X B T B Y R D Y M V Q

For I am convinced that neither death nor life, neither angels nor demons, neither the present nor the future, nor any powers, neither height nor depth, nor anything else in all creation, will be able to separate us from the love of God that is in Christ Jesus our Lord.

CONVINCED
NEITHER
DEATH
LIFE
ANGELS
DEMONS
PRESENT
FUTURE
POWERS
HEIGHT
DEPTH
CREATION
SEPARATE
LOVE
GOD
CHRIST
JESUS
LORD

Romans 15:13

T N E D I F N O C C T J G
W S Y C V F E P O W E R J
O P Y V R P I M P E A C E
L I M D O U P L N L J H D
F R P H G L O M L N O M M
R I N T E T P S Y L Z T Y
E T X T S Y W R Y O Q P N
V Y E U J J Z G A W J J J
O L R G O D K R D Y Q J M
Y T L D B G B L Q N M L V

I pray that God, the source of hope, will fill you completely with joy and peace because you trust in him. Then you will overflow with confident hope through the power of the Holy Spirit.

PRAY
GOD
SOURCE
HOPE
FILL
COMPLETELY
JOY
PEACE
TRUST
OVERFLOW
CONFIDENT
POWER
HOLY
SPIRIT

1 Corinthians 1:22-24

S C S C A L L E D Z J S
S R G T R E W O P E I J
E U T E U T Q M W G M L
N C G N N M G S N D B C
H I M R T T B S T N H D
S F O Z E J I L H R L Z
I I D B D E H L I T B X
L E S L B C K S E N O R
O D I G A L T S G S G B
O L W E O M O B M D M D
F V R Q M D B C B T D L
T P T M Y Z X L K G D N

For indeed Jews ask for signs and Greeks search for wisdom; but we preach Christ crucified, to Jews a stumbling block, and to Gentiles foolishness, but to those who are the called, both Jews and Greeks, Christ the power of God and the wisdom of God.

JEWS
SIGNS
GREEKS
WISDOM
PREACH
CHRIST
CRUCIFIED
STUMBLING
BLOCK
GENTILES
FOOLISHNESS
CALLED
BOTH
POWER
GOD

1 Corinthians 1:30-31

S A N C T I F I C A T I O N
S S E N S U O E T H G I R Q
N W N O E Y D G O D Q Q D M
E L G I B C T R S U S E J D
T Y L T C E R R O T Q Y G L
T N T P M H C U S L Y J T N
I D T M R Q R A O Y P X T Z
R Z D E D W O I M S Q L W R
W V D D L B L R S E D I L X
M R P E D X J D G T S I L P
O R N R R L M J J D F R K K
M P N M B N Q L O E W T B T
N N Q T N W L M D M M W Y G

He is the source of your life in Christ Jesus, who became for us wisdom from God, and righteousness and sanctification and redemption, in order that, as it is written, "Let the one who boasts, boast in the Lord."

SOURCE
LIFE
CHRIST
JESUS
BECAME
WISDOM
GOD
RIGHTEOUSNESS
SANCTIFICATION
REDEMPTION
ORDER
WRITTEN
BOASTS
LORD

1 Corinthians 4:5

C O M E S J D S W A I T Q J
Q G N X Y L S D N W X M M V
W M M D T E Q Y R P Y P B J
L G Q Q N N Y X E O W R D L
R Y E K L W E R W K L P T Q
D R R K T W S M R G R Y M N
K A O Y P O N T G A N J V J
D B F G N A T S I D N I N M
G D E K R B S S T G U E R L
W X B L N J E S T R D J H B
E M I T D L Y H I D A U Z D
N J G B R Y G N I N M E T M
M T J G T I R H Y A G T H R
Y Z R X L L D J N Y P J W W

Therefore do not go on passing judgment before the time, but wait until the Lord comes, who will both bring to light the things hidden in the darkness and disclose the motives of human hearts; and then praise will come to each person from God.

PASSING
JUDGMENT
BEFORE
TIME
WAIT
LORD
COMES
BRING
LIGHT
HIDDEN
DARKNESS
HUMAN
HEARTS
PRAISE
PERSON

1 Corinthians 15:20-21

N H S E M O C A D A M E
S O G D E A T H R D I R
T M I U M X T W N D M D
I A D T O T S I R H C N
U D D E C R A S L E E P
R E X Q E E H Y N T P P
F F N X V D R T R M D N
T P A I J A N R D A E D
S M L L I R N I U W L P
R A N S L Q N P R S X J
I T E K M E Y B N W E L
F D X L D P N Y G Z N R

But Christ has indeed been raised from the dead, the firstfruits of those who have fallen asleep. For since death came through a man, the resurrection of the dead comes also through a man. For as in Adam all die, so in Christ all will be made alive.

CHRIST
INDEED
RAISED
DEAD
FIRSTFRUITS
FALLEN
ASLEEP
DEATH
RESURRECTION
COMES
THROUGH
ADAM
DIE
MADE
ALIVE

1 Corinthians 15:47-49

H E A V E N L Y B L
D N P E D A M Y J S
U A Q E T J A Y E J
S M T S O D L C N X
T E R T E P O I W Y
W I A M S N L E K M
F H O R D I M E M E
W S I N T A R A T M
Z N Y L C H K H D J
Z V W K E Z Z K C A

Adam, the first man, was made from the dust of the earth, while Christ, the second man, came from heaven. Earthly people are like the earthly man, and heavenly people are like the heavenly man. Just as we are now like the earthly man, we will someday be like the heavenly man.

ADAM
FIRST
MADE
DUST
EARTH
WHILE
CHRIST
SECOND
CAME
PEOPLE
LIKE
SOMEDAY
HEAVENLY
MAN

1 Corinthians 15:51-53

I D D T R U M P E T K R
B M E E L L B O G T G N
M Q P A G Q Y N M J T S
Y R D E D N I X T E O R
D D M Y R L A Y B U N G
G L J O K I R H N T D T
P M O N R E S D C E Z K
N E I H T T D H S E Y R
T W E S E R A I A D Y Z
T S Y L X B A L O B G E
L M A P S R W B D Y L R
D P W L T R M J Q K Q E

Behold! I tell you a mystery. We shall not all sleep, but we shall all be changed, in a moment, in the twinkling of an eye, at the last trumpet. For the trumpet will sound, and the dead will be raised imperishable, and we shall be changed. For this perishable body must put on the imperishable, and this mortal body must put on immortality.

BEHOLD
MYSTERY
SLEEP
CHANGED
MOMENT
TWINKLING
EYE
LAST
TRUMPET
SOUND
DEAD
RAISED
IMPERISHABLE
BODY
MORTAL

1 Corinthians 15:58

R O B A L W L F R L Y Y L T
R M J D L B O L U O R K W S
W L R G I V E R U L L R I D
Z O A D D Q J R K M L S N T
L Z E J M M S N O S T Y N Q
N M D P Q E O V R E T O J B
L I N N L W E E R N T X Z L
V D A V A Z H S S H R N G F
D N E V L T V Z I Y Y P I T
K S B M O M S N R T A R L J
T N L R G B G D B N M W T G
M Q B Q V M L N P D J G L Z
J J V L K V B X D D Z N D A

Therefore, my dear brothers and sisters, stand firm. Let nothing move you. Always give yourselves fully to the work of the Lord, because you know that your labor in the Lord is not in vain.

DEAR
BROTHERS
SISTERS
STAND
FIRM
NOTHING
MOVE
ALWAYS
GIVE
YOURSELVES
FULLY
WORK
LORD
KNOW
LABOR
VAIN

2 Corinthians 1:9-10

D R L H Z H F M O B M
E M E L T E C U D O G
L C Q C L A R U N L R
I R N T E S E J S J D
V A Q E E I P D N K R
E I R L T E V I T J G
R S V E R N A E P O H
L E V I L G E P D W J
S S L N A Y N S R Y T

Indeed, we felt that we had received the sentence of death. But that was to make us rely not on ourselves but on God who raises the dead. He delivered us from such a deadly peril, and he will deliver us. On him we have set our hope that he will deliver us again.

FELT
RECEIVED
SENTENCE
DEATH
RELY
OURSELVES
GOD
RAISES
SUCH
PERIL
DELIVER
HOPE
AGAIN

2 Corinthians 1:21-22

G N I E E T N A R A U G
A O H E A R T S T Z W R
N M W Q T F L I V S B M
O A K N I I S A T Z Q Q
I K C R E O R A E T Q V
N E M H P R N I A S M J
T S H E R D S H P E D R
E N D T G I W H M S Y Z
D T O D O R S O I R X D
M R R W D B C T Z P Y K

Now it is God who makes both us and you stand firm in Christ. He anointed us, set his seal of ownership on us, and put his Spirit in our hearts as a deposit, guaranteeing what is to come.

NOW
GOD
MAKES
BOTH
STAND
FIRM
CHRIST
ANOINTED
SEAL
OWNERSHIP
SPIRIT
HEARTS
DEPOSIT
GUARANTEEING
WHAT
COME

2 Corinthians 3:12-13

I S R A E L I T E S
M B Y F D V E I L D
O H R N A M B O L D
S C E O O C E Z A G
E U V C U C E H D R
S S T G N G O V E R
N U R I D P H T W Z
O L S Y E Y G T K Q

Since we have such a hope, we are very bold, not like Moses, who would put a veil over his face so that the Israelites might not gaze at the outcome of what was being brought to an end.

SINCE
SUCH
HOPE
VERY
BOLD
MOSES
VEIL
OVER
FACE
ISRAELITES
GAZE
OUTCOME
BROUGHT
END

2 Corinthians 4:5-6

H E A R T S Z R Y D R R B R
O L V K L Z N N M T K D T G
S U Z B N B Y L D D I S T L
T Y R B L O R D J S H M M R
N G K S Y B W R P I S A K E
A B T Y E G K L N S W Z M X
V T D H L L A E E L I G H T
R B S O C Y V N P D K N Q L
E R R I E A K E S E G V L M
S Y T D R R E U S V C E J X
L X R Z A H S R D I B A T G
R X J D J E C R P G B T F W
L Y G R J N K L G V Z G L T

For what we preach is not ourselves, but Jesus Christ as Lord, and ourselves as your servants for Jesus' sake. For God, who said, "Let light shine out of darkness," made his light shine in our hearts to give us the light of the knowledge of God's glory displayed in the face of Christ.

PREACH
OURSELVES
JESUS
CHRIST
LORD
SERVANTS
SAKE
LIGHT
SHINE
DARKNESS
HEARTS
GIVE
KNOWLEDGE
GLORY
DISPLAYED
FACE

2 Corinthians 4:8-10

D K P D L C B C L D Y W R L
J E X E A K R V E T D M M J
A T Y R R U C T R E F I L Z
Y B R O S P U U L S U S E J
D Y A H R C L A R D K M R X
O E E N E T E E E T D R P N
B D S S D V S S X N S N L T
Y R R P E O S E U E G W J K
Q E J R A E N O D V D R B Q
P T X M R I R E D E A T H B
M M J P G A R Z D W Z Q L Z

We are hard pressed on every side, but not crushed; perplexed, but not in despair; persecuted, but not abandoned; struck down, but not destroyed. We always carry around in our body the death of Jesus, so that the life of Jesus may also be revealed in our body.

PRESSED
CRUSHED
PERPLEXED
DESPAIR
PERSECUTED
ABANDONED
STRUCK
DESTROYED
CARRY
AROUND
BODY
DEATH
JESUS
LIFE
REVEALED

2 Corinthians 4:17-18

O T P R L O N G R Q T
E U R R E W Y D P N B
C G T O E V L L A M S
U V A W U S E L O O K
D G A Z E B E R N M L
O L F S E I L N O K N
R O I Q T N G E T F B
P R X S E L N H S Y D
T Y A E D O Y Z S G Y
K L S N G Y Y N D Q D

For our present troubles are small and won't last very long. Yet they produce for us a glory that vastly outweighs them and will last forever! So we don't look at the troubles we can see now; rather, we fix our gaze on things that cannot be seen. For the things we see now will soon be gone, but the things we cannot see will last forever.

PRESENT
TROUBLES
SMALL
LAST
LONG
PRODUCE
GLORY
VASTLY
OUTWEIGHS
FOREVER
LOOK
FIX
GAZE
SEEN
GONE

2 Corinthians 5:16-17

A Q N R E G A R D E
C C L O N G E R R G
H P C E I E E O R V
R A W O C T F M D Y
I S N N R E A L O F
S S O Y R D O E L C
T E E E O H I E R A
Z D H V E N S N W C
T T L B E H E A G R
L V Q O N N Y N M Y

From now on, therefore, we regard no one according to the flesh. Even though we once regarded Christ according to the flesh, we regard him thus no longer. Therefore, if anyone is in Christ, he is a new creation. The old has passed away; behold, the new has come.

THEREFORE
REGARD
ACCORDING
FLESH
EVEN
ONCE
CHRIST
LONGER
ANYONE
NEW
CREATION
OLD
PASSED
AWAY
BEHOLD
COME

Galatians 5:5-6

T S S E N S U O E T H G I R
W S V A L U E L X T V E C R
T Z I N R R Z J N E A I Z J
M I G R N B R W X G R L B Z
N M A M H K D P E C T Y J Q
S V J W L C R R U I P K V D
T T M Q A E L M R P W B J B
N H N V S Y C I N Y Z N X N
U X R S L I P F M H B D J Y
O J I O S S G L A W O E B B
C N D I U B W O M I S P R M
G V O B M G P V M U T B E T
M N M B L Y H E S Y N H J B

For through the Spirit we eagerly await by faith the righteousness for which we hope. For in Christ Jesus neither circumcision nor uncircumcision has any value. The only thing that counts is faith expressing itself through love.

THROUGH
SPIRIT
EAGERLY
AWAIT
FAITH
RIGHTEOUSNESS
HOPE
CHRIST
JESUS
CIRCUMCISION
VALUE
COUNTS
EXPRESSING
LOVE

Ephesians 1:11-12

P R E D E S T I N E D L
E S I A R P P H R B I T
C L L A B U O D G N D J
O Q R Y R P Z P H L R Z
U R R P E G L E O T Z R
N S O R L K R B W I L L
S S G O Q I T W M W G T
E Q R N T A R S O Z S M
L Y B A I B M D I R L P
Y K N N R H J X I R K J
R C E V Q R T F W L H S
E D N Z W D D M Y G N C

In him we have obtained an inheritance, having been predestined according to the purpose of him who works all things according to the counsel of his will, so that we who were the first to hope in Christ might be to the praise of his glory.

OBTAINED
INHERITANCE
PREDESTINED
PURPOSE
WORKS
ALL
THINGS
COUNSEL
WILL
FIRST
HOPE
CHRIST
PRAISE
GLORY

Ephesians 1:17-19

D W R Z P M G Z J Y R B B P W N
N E R X W J Q Q L Y J D L M I Y
O D N Y R Q D J N M G Q K N P G
I E V E I L E B Z N P S H T M N
T J B D T G X M J B P E D N J D
A D E Q R H Z Z T I R T W R B Y
L L G S T D G M R I S I N W O D
E V J L U Z M I T R S A X B Z L
V T L J O S T A L D C D I E R L
E S R D V R N L O N L A P N Q M
R E T D P C I M Z R E O L C T T
W H L R E J M O E T H L H L D S
T C G P A R D W U Y Q R D L E Z
L I M M B E O J N S I D T B L D
R R T L P P H R W S J Z M J D Y
L W R R B B D G T Y N T D N X R

I pray that the God of our Lord Jesus Christ, the Father of glory, may give you a spirit of wisdom and revelation as you come to know him, so that, with the eyes of your heart enlightened, you may know what is the hope to which he has called you, what are the riches of his glorious inheritance among the saints, and what is the immeasurable greatness of his power for us who believe, according to the working of his great power.

LORD
JESUS
CHRIST
SPIRIT
WISDOM
REVELATION
HEART
ENLIGHTENED
HOPE
CALLED
RICHES
GLORIOUS
INHERITANCE
SAINTS
BELIEVE
POWER

Ephesians 1:22-23

C M M G B R Y F T E
O A R O E F L D R Q
M D U D H E I E O T
P E N T S C H L I B
L U P M H W R F L S
E G I R Y O E U G S
T H I R H N R N H L
E S E E E A I I L C
T V A B X H L U T Y
E D R L T Y F L Y Y

God has put all things under the authority of Christ and has made him head over all things for the benefit of the church. And the church is his body; it is made full and complete by Christ, who fills all things everywhere with himself.

GOD
ALL
THINGS
UNDER
AUTHORITY
CHRIST
MADE
HEAD
BENEFIT
CHURCH
BODY
FULL
COMPLETE
FILLS
EVERYWHERE
HIMSELF

Ephesians 2:8-10

T P G A L Z W B H V Y M Q
H H R V D G G A L O D X Z
R T Z E O V N Y U N T Z L
O I L O P D A R D E V A S
U A D D I A S N W O R K S
G F C W E E R U C M T R G
H B O H L T C E S E B K J
D R O V R T A A D E X K B
K B E A F I D E R G J W N
W S T I S O S W R G D X T
L Y G N G T R T Y C M X D

For it is by grace you have been saved, through faith—and this is not from yourselves, it is the gift of God—not by works, so that no one can boast. For we are God's handiwork, created in Christ Jesus to do good works, which God prepared in advance for us to do.

GRACE
SAVED
THROUGH
FAITH
YOURSELVES
GIFT
GOD
BOAST
HANDIWORK
CREATED
CHRIST
JESUS
GOOD
WORKS
PREPARED
ADVANCE

Ephesians 2:12b-13

D B R O U G H T W B
H G U O R H T M R E
R T T J E S U S C T
W I T H O U T N V G
U T R P O S O B O T
N D K A I P L D D A
I Y E R E O E L W F
T L H V O N R A A D
E C R D I O Y R L T
D Y D X W L L J P Y

You lived in this world without God and without hope. But now you have been united with Christ Jesus. Once you were far away from God, but now you have been brought near to him through the blood of Christ.

LIVED
WORLD
WITHOUT
GOD
HOPE
UNITED
CHRIST
JESUS
ONCE
FAR
AWAY
BROUGHT
NEAR
THROUGH
BLOOD

Ephesians 2:19-20

T B Z M M T F S T E H P O R P N
B D T W M T M O V Y L B N J Y B
S N B T R E N Y R N T S P R G L
M R Q P M Z X N O E E X E Y K V
Y V E B W J T I D L I N G D J M
N R E G N B T L T D O G L M V Y
Q R L T N A X S M T Y O N J K R
S E G L D A O R S T H L M E Q D
T L Y N Q P R R R E S N C G R D
J P U K A F E T S L F I D D J S
N O N W E N D U S E T J R M N V
F E V I R M O N L I R E T H M B
T P H O M H M L Z M Y S L K C T
K C C N L X O E Y R B U Z Y G L
G P B B J W N Y N Y V S M Y P G
M N M L K S X Y W M Y P Y T Q Y

Consequently, you are no longer foreigners and strangers, but fellow citizens with God's people and also members of his household, built on the foundation of the apostles and prophets, with Christ Jesus himself as the chief cornerstone.

FOREIGNERS
STRANGERS
FELLOW
CITIZENS
PEOPLE
MEMBERS
HOUSEHOLD
FOUNDATION
APOSTLES
PROPHETS
CHRIST
JESUS
CHIEF
CORNERSTONE

Ephesians 3:16-17

S T O O R V M B Z D R J P
J Y Y M Y K D R V E D B R
H T G N E R T S N D Q T J
P J N T Y T N N E M S D D
S R G J R M I T Q I T X L
G E A L M U I D R Y H G P
L M C Y R M S H H E R T T
O M Y R I E C T A O I L G
R K P L U L W R W R M N N
I K N Y O O T O I L O E T
O U X V L S S P P R N L N
U L E Y P R S E T M G J D
S M X R X V G S R M E Q D

I pray that from his glorious, unlimited resources he will empower you with inner strength through his Spirit. Then Christ will make his home in your hearts as you trust in him. Your roots will grow down into God's love and keep you strong.

PRAY
GLORIOUS
UNLIMITED
RESOURCES
EMPOWER
INNER
STRENGTH
SPIRIT
CHRIST
HOME
HEARTS
TRUST
ROOTS
GROW
LOVE
STRONG

Ephesians 4:4-7

D R F N Q L M N H C A E Y
P E J A D L E T T L B M L
T B N N T V K H M K M P R
I A R O I H R B O D Y X P
R P E G I O E H T I A F J
I T V C U T C R K M M J T
P I O G A A R T S I R H C
S S H H L R D O T R L G D
L M O L Y R G M P V B Y Q
J P E L O L L X Z P R L R
E D N L N N T M V G A D R

There is one body and one Spirit, just as you were called to one hope when you were called; one Lord, one faith, one baptism; one God and Father of all, who is over all and through all and in all. But to each one of us grace has been given as Christ apportioned it.

BODY
SPIRIT
CALLED
HOPE
LORD
FAITH
BAPTISM
FATHER
OVER
THROUGH
EACH
GRACE
GIVEN
CHRIST
APPORTIONED

Ephesians 5:8-10

N R R D D L D T D R M T Q
E Y Y Y D X B A J D F Y R
Q C H I L D R E N R N Z M
Y V N M Z K Z T U R N I J
M M V O N X M I M M X Q F
R B P E P D T M Z N N L L
D D S V L M G R B T W D R
V S W K E T H G I L N L G
T T J J A R Z N D U I O Q
H R Z Q S M O R O V O V X
G U T N I W O F E D T J W
I E K L N L R Y Y J N R Z
R B Q R G M D V Y R W Q Y

For once you were darkness, but now in the Lord you are light. Live as children of light—for the fruit of the light is found in all that is good and right and true. Try to find out what is pleasing to the Lord.

ONCE
DARKNESS
NOW
LORD
LIGHT
LIVE
CHILDREN
FRUIT
FOUND
GOOD
RIGHT
TRUE
TRY
FIND
PLEASING

Philippians 3:13-14

C G D D B R J Y T K W V N
O J N F A Z B S T D Q P L
N X I I O E I Y T B S N Y
S P H Y T R H O J T L Q Y
I R E D H T W A R S E I L
D I B C S A E A Y D R L J
E Z B J R S I G R G O A L
R E L D E N E A R D T Z B
B L G L I S W R L O G V T
M O M N A P U N P P F J J
D T G J U C B S V Z T T Y

Brothers, I do not consider that I have made it my own. But one thing I do: forgetting what lies behind and straining forward to what lies ahead, I press on toward the goal for the prize of the upward call of God in Christ Jesus.

CONSIDER
FORGETTING
BEHIND
STRAINING
FORWARD
LIES
AHEAD
PRESS
TOWARD
GOAL
PRIZE
UPWARD
CALL
GOD
CHRIST
JESUS

Philippians 3:20-21

P G L O R I O U S Y B
I R O I V A S S Z T Y
H A W A I T E L R D Y
S G H P S L R A O C L
N E N E B E N E O R T
E L A A A S I N W S D
Z Y N G F V T D I O J
I E L O E R E R O E P
T Q R W O R H N S B Z
I M B L O C L U N N Y
C Z Y X W L S Y R B G

But our citizenship is in heaven. And we eagerly await a Savior from there, the Lord Jesus Christ, who, by the power that enables him to bring everything under his control, will transform our lowly bodies so that they will be like his glorious body.

CITIZENSHIP
HEAVEN
EAGERLY
AWAIT
SAVIOR
LORD
JESUS
CHRIST
POWER
ENABLES
CONTROL
TRANSFORM
LOWLY
BODIES
GLORIOUS

Philippians 4:6-7

S N S P E L B L R D Y N U
D O U R V H T Z R D Z N S
N I O E E J E A T N D U P
E T I S R S U A O E S T W
C I X E Y G T I R E D L Y
S T N N T B T S J T B R M
N E A T X A T J E R S I Y
A P B G U A P C E U N P N
R T O T N M E Y H D Q R G
T D I D N J A T S R L E K
T S I K T R C T B N I R R
L N T Y P D E V V V M S B
G T L M K M M L D T N M T

Do not be anxious about anything, but in every situation, by prayer and petition, with thanksgiving, present your requests to God. And the peace of God, which transcends all understanding, will guard your hearts and your minds in Christ Jesus.

ANXIOUS
EVERY
SITUATION
PRAYER
PETITION
PRESENT
REQUESTS
GOD
PEACE
TRANSCENDS
UNDERSTANDING
GUARD
HEARTS
MINDS
CHRIST
JESUS

Philippians 4:12-13

C N H T E R C E S Y
O O G N I E B A H Y
N I U T Y J T T L G
T T O L M R G N I L
E A R E P N E V A Y
N U H A E L E V R W
T T T R W S E G E N
F I T N Y O N N E J
E S W E L U N E T M
D V T D H T D K T Y

I know what it is to be in need, and I know what it is to have plenty. I have learned the secret of being content in any and every situation, whether well fed or hungry, whether living in plenty or in want. I can do all this through him who gives me strength.

KNOW
NEED
PLENTY
LEARNED
SECRET
BEING
CONTENT
EVERY
SITUATION
FED
HUNGRY
WANT
ALL
THROUGH
GIVES
STRENGTH

Colossians 1:3-5a

T H A N K H T I A F G M
L O R D Y R S E P O H Q
G Z I L T V E T D J V X
M A B P S S D H N L M B
L J R D N Y I K T I M X
Y A M O M N A R D A A T
Y L K G E S Z W H B F S
Q W T V U H L M L C D J
J T A S D O E L D A Y J
Z E E Q V X J A K X J G
H J R E N Z D Z R N R B
W J Y V Q L L P R D K K

We always thank God, the Father of our Lord Jesus Christ, when we pray for you, since we heard of your faith in Christ Jesus and of the love that you have for all the saints, because of the hope laid up for you in heaven.

ALWAYS
THANK
GOD
FATHER
LORD
JESUS
CHRIST
PRAY
HEARD
FAITH
LOVE
SAINTS
HOPE
LAID
HEAVEN

Colossians 1:13-14

T R A N S F E R R E D
R P D R Z V M O T N I
E W U S E O V F P D M
R V O R D S R Z A T F
A N A G C O C R Z R M
E N N G M H K U E L S
D I O K R N A E E N G
K T U N E O D S I D B
W V R S V O F S E L Q
L X S Z M R Z L J D Q

For he has rescued us from the kingdom of darkness and transferred us into the Kingdom of his dear Son, who purchased our freedom and forgave our sins.

RESCUED
FROM
KINGDOM
DARKNESS
TRANSFERRED
INTO
DEAR
SON
PURCHASED
OUR
FREEDOM
FORGAVE
SINS

Colossians 1:18b-20a

E C H R I S T X Y D Y
M G N I H T Y R E V E
E S N L R X H L B V D
R K S E Y I I E L E Q
P B V E M C G E S L H
U O V S N I D A S G A
S I E O N L E A U I R
L L C N G L L O E L R
F E I L P O R U R D Z
R N L J T H D R F M R
G Q R D T Q T Y M K W

He is the beginning,
supreme over all who rise from the dead.
So he is first in everything.
For God in all his fullness
was pleased to live in Christ,
and through him God reconciled
everything to himself.

BEGINNING
SUPREME
OVER
ALL
RISE
DEAD
GOD
FULLNESS
PLEASED
LIVE
CHRIST
THROUGH
RECONCILED
EVERYTHING
HIMSELF

Colossians 1:22-23a

B L C H M X R M F R D Z T
L E Y O M W G A E E A B G
E P D L N C I C H C L G K
M S O Y H T O S C J D R D
I O B R H N I U N Y X T J
S G I T C L S N P N D M D
H S M I B A J L U V D B L
T J L A T P R E S E N T K
M E T I M R E Q A F I R M
D S O Y D R T T E P O H W
E N Y D F L H M D N W D D

But now he has reconciled you by Christ's physical body through death to present you holy in his sight, without blemish and free from accusation—if you continue in your faith, established and firm, and do not move from the hope held out in the gospel.

RECONCILED
CHRIST
BODY
DEATH
PRESENT
HOLY
BLEMISH
FREE
ACCUSATION
CONTINUE
FAITH
ESTABLISHED
FIRM
HOPE
GOSPEL

Colossians 1:26-27

G E N E R A T I O N S
A S S U R A N C E E Z
D E G A S S E M I V V
E V S E D O G R D T Q
L P X E N S U I G Y Y
A T E G C T E N V W D
E S M O N R I H G E B
V I E E P R E L C K S
E R C V A L O T E I D
R H Q H I R E P M S R
T C S N Y L T T Z T X

This message was kept secret for centuries and generations past, but now it has been revealed to God's people. For God wanted them to know that the riches and glory of Christ are for you Gentiles, too. And this is the secret: Christ lives in you. This gives you assurance of sharing his glory.

MESSAGE
KEPT
SECRET
CENTURIES
GENERATIONS
REVEALED
PEOPLE
GOD
RICHES
GLORY
CHRIST
GENTILES
LIVES
GIVES
ASSURANCE
SHARING

Colossians 2:6-7

S D D W M L G G W H K H
S E R T O Z N V T K T K
E T E R L O L I R U Z M
N P D U R J A G R O W L
L E F T N F S T M Z V O
U C S O R I C E X M V R
F C S L L P T H V E K B
K A U R D L N N R I U W
N N S O O Z O F O I L D
A R E O W Y L W L C S T
H T J T N O N T M D M T
T Q Y S W V D D J M J D

And now, just as you accepted Christ Jesus as your Lord, you must continue to follow him. Let your roots grow down into him, and let your lives be built on him. Then your faith will grow strong in the truth you were taught, and you will overflow with thankfulness.

ACCEPTED
CHRIST
JESUS
LORD
CONTINUE
FOLLOW
ROOTS
GROW
DOWN
LIVES
BUILT
FAITH
STRONG
TRUTH
OVERFLOW
THANKFULNESS

Colossians 3:2-4

Y P W J D L Y T J R P W B
L M T Z J T Z R H D I E D
H Z D B Z L Q T T I W Q L
M I D E L A E V E R N T M
G I D Y T S T F J V S G B
J O N D T Y I T Q I O V S
L M D D E L R E R N V B G
R R L R S N A H R R V L A
T Y N M Q R C O D Z O L R
D B N D T Y N V S R Z U T
Q K N H L Z N V Y L O N W
J Z G T G T R W Y R A J B

Set your minds on the things that are above, not on the things that are on earth. For you have died, and your life is hidden with Christ in God. When Christ, who is our life, is revealed, then you also will be revealed with Him in glory.

SET
MINDS
THINGS
ABOVE
EARTH
DIED
HIDDEN
CHRIST
GOD
OUR
LIFE
REVEALED
ALSO
GLORY

Colossians 3:16

L S R C G X L E S N U O C
U W S N H F G P D M B B N
F I I E I R I T E A C H J
K S S L N R I S B H Q N T
N D L M I H S S E W Y M J
A O H T L A C A T S P N K
H M U Y G A R I E N B Q Y
T A D E M T S V R D R Y D
L O R L S N I P G I V E S
G D Y Q Z L S M X R D B J

Let the message about Christ, in all its richness, fill your lives. Teach and counsel each other with all the wisdom he gives. Sing psalms and hymns and spiritual songs to God with thankful hearts.

MESSAGE
CHRIST
RICHNESS
FILL
LIVES
TEACH
COUNSEL
WISDOM
GIVES
SING
PSALMS
HYMNS
SPIRITUAL
GOD
THANKFUL
HEARTS

1 Thessalonians 1:2-3

S S E N T S A F D A E T S
G W G E V O L E P O H N X
L N Y O T V R R M M B L Z
M T I L D R A S M H R K L
T S Q R T Y K S T J R Y B
F I P R E N R I U O Q Y M
A R R R A B A B W S Q L T
T H S H L F M T M L E V L
H C T E A Z L E S Y N J Q
E D M V B L T O M N Y V L
R Y N I O Q M P R E O D T
D V Y G R Y M V Q D R C Q

We always give thanks to God for all of you and mention you in our prayers, constantly remembering before our God and Father your work of faith and labor of love and steadfastness of hope in our Lord Jesus Christ.

GIVE
THANKS
GOD
PRAYERS
CONSTANTLY
REMEMBERING
FATHER
WORK
FAITH
LABOR
LOVE
STEADFASTNESS
HOPE
LORD
JESUS
CHRIST

1 Thessalonians 5:8-9

N O I T A V L A S N B Z
A J E S U S L N D R O L
R P Q P Q T T B E J Q J
E C P S A L V A T I O N
C H K O O H S H S D R D
E R E V I T T U O E J T
I I E L P N F I B P H T
V S M L M F T O A T E Q
E T A G E E S L A F W J
T T O R M Q T R T K R L
E D Y J K D W P R M X L

But since we belong to the day, let us be sober, putting on faith and love as a breastplate, and the hope of salvation as a helmet. For God did not appoint us to suffer wrath but to receive salvation through our Lord Jesus Christ.

SOBER
FAITH
LOVE
BREASTPLATE
HOPE
SALVATION
HELMET
GOD
APPOINT
SUFFER
WRATH
RECEIVE
SALVATION
LORD
JESUS
CHRIST

2 Thessalonians 2:16-17

N E C H R I S T E C A R G
E D N R E H T A F L D P Z
H V E C D R O L O G O O D
T S K E O Z K V O L T D N
G U T Y D U E D A E Y L D
N S W R H D R N V R T D R
E E V O A Y R A M T J T P
R J P W R E G B G P N Z P
T E Y Z T D H E V E R Y B
S R M E V W B P M M M M D

May our Lord Jesus Christ himself and God our Father, who loved us and by his grace gave us eternal encouragement and good hope, encourage your hearts and strengthen you in every good deed and word.

LORD
JESUS
CHRIST
GOD
FATHER
LOVED
GRACE
GAVE
ETERNAL
GOOD
HOPE
ENCOURAGE
HEARTS
STRENGTHEN
EVERY
DEED
WORD

1 Timothy 2:3-6

Z L S Z R Z D P R L L Y Z N M N
Y Q E Y R E W M J N M T T P Y R
B P S W Q T C D E K G H B Z T N
D T A M Q Q Z O R G G O G Z Y L
B R E R Q Q U N N I A Q D T Z J
M Z L M Z D K N R C L S I R L L
L E P R O T L Q D J I N S Q R P
S Z D Y R D L R B E A L M E U T
A T B I B M E T O M R G E R M L
V B S W A J M E U W O S C L D W
I W W I E T K H R O D H T H T D
O D Y S R M O V D F A J T A L T
R T U P V H P R J S Q U T W N R
R S P L P R C R E T R V P Z R D
Z B B L Q Q Q Z T T Y R D N Z B

This is good and pleases God our Savior, who wants everyone to be saved and to understand the truth. For,
There is one God and one Mediator who can reconcile God and humanity—the man Christ Jesus. He gave his life to purchase freedom for everyone.
This is the message God gave to the world at just the right time.

GOOD
PLEASES
GOD
SAVIOR
UNDERSTAND
TRUTH
MEDIATOR
RECONCILE
HUMANITY
CHRIST
JESUS
PURCHASE
FREEDOM
MESSAGE
WORLD
RIGHT

1 Timothy 4:10

D Y E S A V I O R Y
D N L V L T S T L B
H O P E E T H L B B
D L R E R I A O M M
O J I I O I L L S T
G Y V V C P L E N E
D E Z E I L L I B Z
B D P W W N L E O Z
L S N Y T N G A D T
E V Y E Q B Y R Q D

For to this end we toil and strive, because we have our hope set on the living God, who is the Savior of all people, especially of those who believe.

END
TOIL
STRIVE
HOPE
LIVING
GOD
SAVIOR
ALL
PEOPLE
ESPECIALLY
THOSE
BELIEVE

1 Timothy 6:11a-12

E T R I G H T E O U S S Z Z
J C R F Z V R Q R P E Y Y R
X D N U I V Z H P S Z P V D
P G B A E G T M S Y L D O G
D Z E D R I H E C A L L E D
P E B N A E N T D P B G R L
U D C F T T V L A N R E T E
R D M L I L L E O L X T M W
S B O W A I E K S V V G Z V
U G L O F R Y L B R E W L P
E V R E G Q E Q T N E X G Q
L L N R J P R D N V Y P L T

Pursue righteousness and a godly life, along with faith, love, perseverance, and gentleness. Fight the good fight for the true faith. Hold tightly to the eternal life to which God has called you, which you have declared so well before many witnesses.

PURSUE
RIGHTEOUS
GODLY
LIFE
FAITH
LOVE
PERSEVERANCE
GENTLE
FIGHT
GOOD
TRUE
ETERNAL
CALLED
DECLARED
WITNESSES

2 Timothy 1:9

M M T S I R H C P B T D J
B E F O R E M V E D V K P
G Z Z T V D L G R P T D H
I A N Y T H I N G B D O J
V L D V L N Y D E T L T X
E I M Q N T E C E Y I R X
N F D I L M A S G L N M G
Y E N N P U Z K O G L S E
N G R D S N Y S R P U A Q
G J O E W M J A A S R L C
D N J O L D C W E V M U D
E N M K B E Q J T J E X P
R T M T L Z N M Z R L D D

He has saved us and called us to a holy life—not because of anything we have done but because of his own purpose and grace. This grace was given us in Christ Jesus before the beginning of time.

SAVED
CALLED
HOLY
LIFE
BECAUSE
ANYTHING
DONE
OWN
PURPOSE
GRACE
GIVEN
CHRIST
JESUS
BEFORE
BEGINNING
TIME

2 Timothy 1:10

E G S G D Y B Z N R I N Y Z
I F N W W W Y D G L Z V B K
J M I I E N X B L J Y T N Z
E P M L R N M U R W J T K T
S O X O N A M N O O R T N T
U W D N R I E N I O K W A Y
S E G E N T C P I A Z E L L
Z R J A A H A V P M L Z D R
L M T N R T A L Y A N P N M
W E N I G S H D I E D A M G
D B S G O O D R B T T V J T
D T R B K Y T T K Z Y T T K

And now he has made all of this plain to us by the appearing of Christ Jesus, our Savior. He broke the power of death and illuminated the way to life and immortality through the Good News.

NOW
MADE
PLAIN
APPEARING
CHRIST
JESUS
SAVIOR
BROKE
POWER
DEATH
ILLUMINATED
WAY
LIFE
IMMORTALITY
GOOD
NEWS

Titus 2:11-13

M A N I F E S T A T I O N B
G Y Y J L N S Y N G L O R Y
Q T L I M A L O J T I A W R
D A V D V N I D R D G P R Q
B E P I L T B A E P O H V K
C L O P A R I T H G I R P U
H R E V E N O G W Y N V Q B
R W L S I A R W L S U S E J
I A Y N S A R D V D V L T T
S J G T C E O E R P D J Y K
T B Y E B G D Y D Q D Q L P

For the grace of God has appeared, bringing salvation to all, training us to renounce impiety and worldly passions, and in the present age to live lives that are self-controlled, upright, and godly, while we wait for the blessed hope and the manifestation of the glory of our great God and Savior, Jesus Christ.

GRACE
APPEARED
SALVATION
TRAINING
WORLDLY
LIVE
UPRIGHT
GODLY
WAIT
BLESSED
HOPE
MANIFESTATION
GLORY
SAVIOR
JESUS
CHRIST

Titus 3:6-8

D B E C O M E R Y D L Y D
E E S P I R I T E Y L N L
T T I G N S D R O I V A S
E S D F R T U P T E R U S
R B A I I O P H B B N J D
N N E Y P T R Y L H C I R
A H S E I O S E L H R L R
L H F U U N C U R N L V B
J I O G S A G I J N Z P T
L M H P R E S B G K R J R
R T P G E T J N D Q W M Y

This Spirit he poured out on us richly through Jesus Christ our Savior, so that, having been justified by his grace, we might become heirs according to the hope of eternal life. The saying is sure.

SPIRIT
POURED
RICHLY
THROUGH
JESUS
CHRIST
SAVIOR
JUSTIFIED
GRACE
BECOME
HEIRS
HOPE
ETERNAL
LIFE
SAYING
SURE

Hebrews 3:5-6

H G T M F A I T H F U L
C O N F I D E N C E D T
S T U I N E K O P S J R
G E N S T S I R H C J P
N S R O E S L A T E R B
I T D V S F A H O P E R
H I D L A G J O Y T T J
T F J S O N T J B W L B
K Y T D M H T S E S O M

Now Moses was faithful in all God's house as a servant, to testify to the things that were to be spoken later, but Christ is faithful over God's house as a son. And we are his house, if indeed we hold fast our confidence and our boasting in our hope.

MOSES
FAITHFUL
GOD
HOUSE
SERVANT
TESTIFY
THINGS
SPOKEN

LATER
CHRIST
SON
HOLD
FAST
CONFIDENCE
BOASTING
HOPE

Hebrews 4:14-15

E H E A V E N F A I T H
M Q Z S L T Q T M P N V
P T S M S D S Y X I T D
A D A E M E V E S B E Q
T M L E S T F O I D D Q
H E L Q R S N O N R J W
I H M J J G E E R Y P R
Z G D P Y E C N L P V P
E I O L T S S M K L N D
Q H G B A E R U J A T J
L M L R Z I D Z S B E M
V G Q W F L L N B D D W

Therefore, since we have a great high priest who has ascended into heaven, Jesus the Son of God, let us hold firmly to the faith we profess. For we do not have a high priest who is unable to empathize with our weaknesses, but we have one who has been tempted in every way, just as we are—yet he did not sin.

GREAT
HIGH
PRIEST
ASCENDED
HEAVEN
JESUS
SON
GOD
FIRMLY
FAITH
PROFESS
EMPATHIZE
WEAKNESSES
TEMPTED
SIN

Hebrews 5:9-10

D N O I T A V L A S G R V
M E L C H I Z E D E K M Z
T B S R G J H E W S N Z P
C E E I V N T I O R D T Q
E C D Q G E I U G T N G D
F A A O R N R E S H K G W
R M M N B C A E B P X Y M
E E A G E E I T R E D R O
P L G D O R Y M E B M B Y
L Q J Y P D N R V D Z W V

And being made perfect, he became the source of eternal salvation to all who obey him, being designated by God a high priest after the order of Melchizedek.

BEING
MADE
PERFECT
BECAME
SOURCE
ETERNAL
SALVATION
OBEY
DESIGNATED
GOD
HIGH
PRIEST
ORDER
MELCHIZEDEK

Hebrews 6:11

N M G K H K T L V E X J Z
V I G Q O Q I X D L M B Q
M X A Y P F Y G W L Q O W
Q A J T E M N T A E R G C
T D K T R I K L P M J S X
P J D E V E A R E U R T Z
E T B O N S C L E E L D L
E R L D T L B W H D Y M R
K J I S T R M T V T R D J
Y G R S B L O N G Q L O N
X R M K E W Y P T T Z Y T
N N K P B D Y L B M M W B

Our great desire is that you will keep on loving others as long as life lasts, in order to make certain that what you hope for will come true.

GREAT
DESIRE
KEEP
LOVING
OTHERS
LONG
LIFE
LASTS
ORDER
MAKE
CERTAIN
HOPE
COME
TRUE

Hebrews 6:17-18

E E D B Z G E L C F T D E
S P L Y M P N H M K A N N
I U O B O M A O D Q C S M
M R H H A R R E R O K F T
O P M E A E R L U T L M R
R O M C G I G R L E S X X
P S T L S U A N D M K Z R
S E J E T G F N A W R Y M
R K D M E L Y E T H O N R
I P B M B R W T R A C D K
E Z E S H O W T T V L N M
H N D Z B Q Y H Q M N N U
T G Y V M M V X L K Y N T

So when God desired to show more convincingly to the heirs of the promise the unchangeable character of his purpose, he guaranteed it with an oath, so that by two unchangeable things, in which it is impossible for God to lie, we who have fled for refuge might have strong encouragement to hold fast to the hope set before us.

DESIRED
SHOW
HEIRS
PROMISE
UNCHANGEABLE
CHARACTER
PURPOSE
OATH
FLED
REFUGE
STRONG
ENCOURAGEMENT
HOLD
FAST
HOPE

Hebrews 6:19-20

N L J K X S U R E G M X Q M J Z
A N C H O R E V E R O F R H T J
M J J H F T B P T D Y N I X R W
K X R M O O M Z G M D G J K T P
Z T B S V P R D N I H E B K B S
L S H R I N E E D G R T E D T M
R P L E N Q V J R E B D D E P X
L X R T K I E J N U E M A J V Q
Q D D N V S A N M Z N D L Q R Z
L G K E U N I T I M F N J B Y Z
T Y T S R D N H R A M R E L Z Q
J S T X Q X C J S U D N U R B Y
L P E T J L M T N V C O T R T T
J T D I E X R M G J S G G N D Q
R T M M R W L J N R K Z Y G M Y
B Q B B T P Y N G Z D P G V W Y

We have this hope, a sure and steadfast anchor of the soul, a hope that enters the inner shrine behind the curtain, where Jesus, a forerunner on our behalf, has entered, having become a high priest forever according to the order of Melchizedek.

HOPE
SURE
STEADFAST
ANCHOR
SOUL
ENTERS
INNER
SHRINE
BEHIND
CURTAIN
JESUS
FORERUNNER
HIGH
PRIEST
FOREVER
MELCHIZEDEK

Hebrews 7:18-19

G J D E C U D O R T N I
T N E M D N A M M O C Y
R N X D M H H S D B X R
E E O P O A S A N J K N
T G M P E E S E N W L M
T W E R N R A I L D X N
E A A K O R F D D D R D
B L A R Z F N E D E Q B
N E V T D B Z Q C Q D X
W P R J G D N D J T L R

For on the one hand, a former commandment is set aside because of its weakness and uselessness (for the law made nothing perfect); but on the other hand, a better hope is introduced, through which we draw near to God.

HAND
FORMER
COMMANDMENT
ASIDE
WEAKNESS
LAW
PERFECT
BETTER
HOPE
INTRODUCED
DRAW
NEAR
GOD

Hebrews 10:23-25

G N I H C A O R P P A J R
E M Q N D Y P L O V E Y Q
D N H D L R G R X B L N M
E L C O E J A Z O G R E D
E L Y O P S Z W N F E N V
D Q U D U E I I O T E N J
S H G F J R V M I T J S A
Q X O W H R A N O V M N S
V Y O L E T G G M R O G R
L L D W D J I M I T P U Y
Y T S P T Y P A H N P K P
J N X R M G K E F S G D J
U P B L R Q R B P Q M J R

Let us hold unswervingly to the hope we profess, for he who promised is faithful. And let us consider how we may spur one another on toward love and good deeds, not giving up meeting together, as some are in the habit of doing, but encouraging one another—and all the more as you see the Day approaching.

HOLD
UNSWERVINGLY
HOPE
PROFESS
PROMISED
FAITHFUL
SPUR
ANOTHER
TOWARD
LOVE
GOOD
DEEDS
MEETING
ENCOURAGING
APPROACHING

Hebrews 10:35-36

R W T N E I T A P E G
E R L N L S T H C J D
B L E O E T G N R B R
M P R C R D A N E O D
E D R U E R I U I R W
M R S O U I N F A R G
E T L D M I V W N R B
R A N L T I E E E O N
R E W N I R S A B E C
Z L O A Y W T E E V M
D C N P Y T W D D B R

So do not throw away this confident trust in the Lord. Remember the great reward it brings you! Patient endurance is what you need now, so that you will continue to do God's will. Then you will receive all that he has promised.

THROW
AWAY
CONFIDENT
TRUST
LORD
REMEMBER
GREAT
REWARD
BRINGS
PATIENT
ENDURANCE
NEED
CONTINUE
WILL
RECEIVE
PROMISED

Hebrews 11:1-3

N C R E A T E D G R M N
E O U N I V E R S E M Q
C F I R J S D V L C N U
N A J T E Y I E O N N Z
A I T E A S J N P D M R
R T N V I D V J E O N L
U H N B M I N R L J H Z
S T L M C J S E D Y Y B
S E T T M T W D M R M X
A J I V A X O T W M O X
D O L N D G L R B V O W
N Z D P E K V T T M W C

Now faith is the assurance of things hoped for, the conviction of things not seen. For by it the people of old received their commendation. By faith we understand that the universe was created by the word of God, so that what is seen was not made out of things that are visible.

FAITH
ASSURANCE
HOPED
CONVICTION
SEEN
COMMENDATION
UNDERSTAND
UNIVERSE
CREATED
WORD
GOD
MADE
VISIBLE

Hebrews 12:1-2

P E J L E D T T W N N E L K
Q E C K V N Y I W N C X P M
J L R A X D T H I N D E R S
N J K F R N K A A S R P J Z
M A R K E D M R N E E E W K
Q B D S J C E P E G S Y V P
B N S B W V T N G U L X E R
Y E M O E L O E S R P E Y T
S T R S D I J Y R D E M S B
Q H R U P F I X I N G A G Q
T E O H T I A F R P Y M T B
P L N J L Q G Y U N D G N P
C R D Q M D B L N L V D D D

Therefore, since we are surrounded by such a great cloud of witnesses, let us throw off everything that hinders and the sin that so easily entangles. And let us run with perseverance the race marked out for us, fixing our eyes on Jesus, the pioneer and perfecter of faith.

GREAT
CLOUD
WITNESSES
THROW
HINDERS
ENTANGLES
RUN
PERSEVERANCE
RACE
MARKED
FIXING
EYES
JESUS
PIONEER
PERFECTER
FAITH

James 5:7-8

N N J B M Z X Q N E A R L
N C E T D Y R P M D W T D
B O S H V R E C E I V E S
E M L T T S U O I C E R P
L I E Y I G P A T I E N T
O N F A L A N G H T J M M
V G A D R R W E A L S B L
E R R K C T A L R N R W M
D O M D D R H E I T J B N
L K E W T M O A K P S L W
W Z R S Z D R P J J L M M

Be patient, therefore, beloved, until the coming of the Lord. The farmer waits for the precious crop from the earth, being patient with it until it receives the early and the late rains. You also must be patient. Strengthen your hearts, for the coming of the Lord is near.

PATIENT
BELOVED
COMING
LORD
FARMER
WAITS
PRECIOUS
CROP
EARTH
RECEIVES
EARLY
LATE
RAINS
STRENGTHEN
HEARTS
NEAR

1 Peter 1:3-6

R M E R C Y H O P E P Z
E N P L Y Z Z R D M Z E
S G W R Y J E Q H Y C J
U Y Y M A V G S V N M D
R F R B E I I J A L T Q
R A C N I R S T E G M L
E T G H E R I E N S I P
C H I P R R T I L O U E
T E V R E I V H P O D S
I R E H W I S S T A R L
O V N Q L Q B T F X M D
N I B D N L J P D J L L

Praise be to the God and Father of our Lord Jesus Christ! In his great mercy he has given us new birth into a living hope through the resurrection of Jesus Christ from the dead, and into an inheritance that can never perish, spoil or fade.

PRAISE
FATHER
LORD
JESUS
CHRIST
MERCY
GIVEN
BIRTH
LIVING
HOPE
RESURRECTION
INHERITANCE
NEVER
PERISH
SPOIL
FADE

1 Peter 1:13

K B G N I M O C C H L V
A E R X Y G Y H O R V Y
L R X O R Y R P E L M N
E O S A U I E V G L M D
R F C D S G E V R L L D
T E S T N A H E V D R G
D R D U L I B T T R N Y
B E R E S O M F U L L Y
R H D B S E L R W L M P
R T Y B L R J B B S E T

Therefore, with minds that are alert and fully sober, set your hope on the grace to be brought to you when Jesus Christ is revealed at his coming.

THEREFORE
MINDS
ALERT
FULLY
SOBER
SET
HOPE
GRACE
BROUGHT
JESUS
CHRIST
REVEALED
COMING

1 Peter 1:18-19

S R O T S E C N A T J
D P H P S T F G R P K
E R T S P I O I E P Y
M E H P I L L R L Y D
E C I E D M I V X D T
E I N L M S E T E C R
D O G D H P S L E R W
E U S A O I T F B O L
R S B G R O E Y N A M
L L N H R D L K M B N
E X C R Z P R B W Y K

For you know that it was not with perishable things such as silver or gold that you were redeemed from the empty way of life handed down to you from your ancestors, but with the precious blood of Christ, a lamb without blemish or defect.

KNOW
PERISHABLE
THINGS
SILVER
GOLD
REDEEMED
EMPTY
LIFE
ANCESTORS
PRECIOUS
BLOOD
CHRIST
LAMB
BLEMISH
DEFECT

1 Peter 1:20-21

C H O S E N E S H R
D J C B Q R A G D M
E T T R O K U E N L
I Z I F E O L E A D
F R E M R A V S E H
I B Z H E E T S T W
R D T V I S I I O H
O K E L D A A R O G
L R E A R F L P O N
G B N N D D E D B J

He was chosen before the creation of the world, but was revealed in these last times for your sake. Through him you believe in God, who raised him from the dead and glorified him, and so your faith and hope are in God.

CHOSEN
BEFORE
CREATION
WORLD
REVEALED
LAST
TIMES
SAKE
THROUGH
BELIEVE
GOD
RAISED
DEAD
GLORIFIED
FAITH
HOPE

1 Peter 1:23

N R D G C O M E S
E G E B N D D Q B
L T O V R I U N M
G R E O E I V N E
N O W R C R I I L
L T D K N A O A L
I W L J G A S F G
F Y G A L T L J B
E W E N T L W L M

For you have been born again, but not to a life that will quickly end. Your new life will last forever because it comes from the eternal, living word of God.

BORN
AGAIN
LIFE
QUICKLY
END
NEW
LAST
FOREVER
COMES
ETERNAL
LIVING
WORD
GOD

1 Peter 3:14b-15

M S D E T A D I M I T N I
D H A B D V G M B A N R D
K E G N Z E W L C H O P E
E A F L C L M C R E A D Y
N R D E L T O A N J L Z M
O T S J N U I D N C M J Y
Y S D Y N S R F H D G T Q
N R D T A A E R Y L S Z Z
A L I R E W I K P R L L L
R N Y F O S L J A Y Z J N
G P Q J T L M A D M M M N

Do not fear what they fear, and do not be intimidated, but in your hearts sanctify Christ as Lord. Always be ready to make your defense to anyone who demands from you an accounting for the hope that is in you.

FEAR
INTIMIDATED
HEARTS
SANCTIFY
CHRIST
LORD
ALWAYS
READY
MAKE
DEFENSE
ANYONE
DEMANDS
ACCOUNTING
HOPE

1 Peter 5:10

E T E R N A L P N W Z N
R S U P P O R T N R O R
E Q S Z K K C D G I Y R
S Q Z T Y I E H T Y D X
T X L K R R N A R E P Y
O S Y I E E D D L I R Y
R R H F T N N L N O S Q
E J F A U T A G L E R T
J U E O R C L G T E S M
S Y F S D E M E T H R S
Y D R O U J Q F N I E G
L Z G Y D S A M F Z D N

In his kindness God called you to share in his eternal glory by means of Christ Jesus. So after you have suffered a little while, he will restore, support, and strengthen you, and he will place you on a firm foundation.

KINDNESS
GOD
CALLED
SHARE
ETERNAL
GLORY
CHRIST
JESUS
AFTER
SUFFERED
LITTLE
RESTORE
SUPPORT
STRENGTHEN
FIRM
FOUNDATION

2 Peter 1:10-11

Q N D N J M S M O D G N I K N J
B D N N N G R R B S L D W M D M
D D L T Z D S B E K A P M I T E
V X B V Y P G R B T R V L W T Q
C P J G E K D L E A S I I E G R
N A N V T N J B C H G I R O N N
E V L B V G T T E E T N S N R Q
L C Z L Y N I R N L A O W R X D
N R I R I C D T A L B P R R R X
J I E O E N B K G N W M R B B T
K T A V H L G C Q Q C M U Y G Y
X J G T E C T L H V W E X T T K
D E R B R N R O N R X Z V T S Q
X S T Y J E R R Y B I L M Z K D
Z U Y D W R C D D Z Y S K Q T G
Z S D G K T Y J T T V J T W L G

Therefore, brothers and sisters, be all the more diligent to make certain about His calling and choice of you; for as long as you practice these things, you will never stumble; for in this way the entrance into the eternal kingdom of our Lord and Savior Jesus Christ will be abundantly supplied to you.

BROTHERS
SISTERS
DILIGENT
CERTAIN
CALLING
CHOICE
PRACTICE
NEVER
STUMBLE
ENTRANCE
ETERNAL
KINGDOM
LORD
SAVIOR
JESUS
CHRIST

2 Peter 3:17-18

K Y D G D E B E A C B T M
N N R R C J T W O E N R Y
Y O O A T E A M L M R I F
W D R W R Y M O G L O R Y
D G R N L I V N Z T T P W
K E I Y T E S G N D R L K
S T I M D A D D Z O K P D
Y U E R V L R G R D D N X
N N S I R A O R E R Y G L
T L O E U A E S O M W D V
B R T G J D C L E B Y R L

You therefore, beloved, knowing this beforehand, be on your guard so that you are not carried away by the error of unscrupulous people and lose your own firm commitment, but grow in the grace and knowledge of our Lord and Savior Jesus Christ. To Him be the glory, both now and to the day of eternity. Amen.

BELOVED
GUARD
CARRIED
AWAY
ERROR
LOSE
FIRM
COMMITMENT
GROW
GRACE
KNOWLEDGE
LORD
SAVIOR
JESUS
GLORY
ETERNITY

1 John 1:1b-2

L K N L E B J J P D L T L
P D Y F I T S E T T X I V
F J E D L M E M W P F D Z
L A D L N E T R M E R Y Y
G Y T D A T S I N O Q Q L
H M P H Q E A T W A M L J
T R B M E L V Z I W L Y G
I V N R C R N E O T Y T N
W Y N O B E Y N R L L T R
M W R Z E E Y Q R Q M V B
D P W S N V L M Q K Y T Q
B B D O X R J Q Q R L X G

He is the Word of life. This one who is life itself was revealed to us, and we have seen him. And now we testify and proclaim to you that he is the one who is eternal life. He was with the Father, and then he was revealed to us.

WORD
LIFE
ONE
ITSELF
REVEALED
SEEN
NOW
TESTIFY
PROCLAIM
ETERNAL
WITH
FATHER

1 John 2:1

W C P Q Q N E L S P J Z Y
G W H R F L Y U N M R R G
N T W I T A O V Y D L T V
I N D T L E T A C O V D A
T J I T T D E H T R B R N
I L E H H N R T E R T V Z
R S G S O I S E T R J N J
W I E Y U I N H N W N Z M
R T N O R S E G A I Y R B
L A K H D S W M S V Q Q L
Y R C N E J T G R M E G P

My little children, I am writing these things to you so that you may not sin. But if anyone does sin, we have an advocate with the Father, Jesus Christ the righteous.

LITTLE
CHILDREN
WRITING
THESE
THINGS
SIN
ANYONE
DOES
HAVE
ADVOCATE
FATHER
JESUS
CHRIST
RIGHTEOUS

1 John 2:24-25

E E W R S G E K B L Y
T T S O E F K E Y N B
E E N I I H G D L T B
R T D L M I T M J R N
N A M I N O H A B L B
A H N N B E R T F L X
L W I E A A D P B Q Q
Y N R R H D R A L E T
G J D R R T Y M M W W

Let what you heard from the beginning abide in you. If what you heard from the beginning abides in you, then you too will abide in the Son and in the Father. And this is the promise that he made to us—eternal life.

LET
WHAT
HEARD
BEGINNING
ABIDE
THEN
SON
FATHER
PROMISE
MADE
ETERNAL
LIFE

1 John 3:2-3

P U R E Z D Y X T M M
J K N B T J M Q Q L L
T H E M S E L V E S B
Z E R Q S I R H G Y M
F D D B K R O A C J Y
R A L E B P A H L F Q
I M I R E N R E I L N
E G H T W I W R P E Q
N O C O S H U S H P R
D D N T A P Q W E L A
S K V T N R Z T J E L

Dear friends, now we are children of God, and what we will be has not yet been made known. But we know that when Christ appears, we shall be like him, for we shall see him as he is. All who have this hope in him purify themselves, just as he is pure.

FRIENDS
CHILDREN
GOD
WHAT
MADE
KNOWN
WHEN
CHRIST
APPEARS
LIKE
SEE
ALL
HOPE
PURIFY
THEMSELVES
PURE

1 John 4:9-10

T Y V S D G V L T D B M Q
H E D W A K P Y T R M O T
R V V T B C S L J R N M D
O O J T L G R H D E R J J
U L M X L D T I O N N R T
G A T O N I N G F W N N N
H D G W A K D P M I E T B
L Q L M K E Q B D S C D D
J R O R V D Y N T D S E P
D N G I O Y L N O N Q N V
G J L G X W D P I S M Q T
L L V R T G G S K W K Q T

This is how God showed his love among us: He sent his one and only Son into the world that we might live through him. This is love: not that we loved God, but that he loved us and sent his Son as an atoning sacrifice for our sins.

GOD
SHOWED
LOVE
AMONG
SENT
ONE
ONLY
SON
WORLD
LIVE
THROUGH
ATONING
SACRIFICE
SINS

1 John 4:13-16a

F T L N D L B M K J G M Z N
W A Y O E O T M S A V I O R
O K T S L V N E V I G N S J
R B M H J E E G O D N U M Z
L T R B E S T I N G S M C X
D Y D P Y R P T L E N O Z X
V Z R L Z F B I J E N E R N
D D T P X B I W R F B N E Z
A Y R T L T O T E I J J D S
M B M L L N L S S B T V T P
Z Z I Y K Y S J X E V D R M
G B T D Y T V L V G T M M M
N G Q V E M R Y M N R W B D

By this we know that we abide in him and he in us, because he has given us of his Spirit. And we have seen and do testify that the Father has sent his Son as the Savior of the world. God abides in those who confess that Jesus is the Son of God, and they abide in God. So we have known and believe the love that God has for us.

KNOW
ABIDE
GIVEN
SPIRIT
SEEN
TESTIFY
FATHER
SON
SAVIOR
WORLD
CONFESS
JESUS
GOD
BELIEVE
LOVE

1 John 5:4-5

E N T S J K M N P T N N G V
V V W D T L Y K N Z R W N M
E Y E P P A B J M L K L K W
I Q T I L T E V I C T O R Y
H G B Z L E D F X C G D R Y
C P W B L E Y V E O H P X T
A K Q T Z R B R D D Z I H L
R G T N E D L R O W V R L J
Y A A V X R W K Q L O D E D
B Y E I F A I T H U E S D D
B D K P N X N Z G R U V T V
D Y D D W S J H X S Y N I K
N J G T T K T Z B Y L B R L

For every child of God defeats this evil world, and we achieve this victory through our faith. And who can win this battle against the world? Only those who believe that Jesus is the Son of God.

EVERY
CHILD
GOD
DEFEATS
EVIL
WORLD
ACHIEVE
VICTORY
THROUGH
FAITH
WIN
BATTLE
AGAINST
BELIEVE
JESUS

1 John 5:10-12

T D Q M D L K D B R Y K W
Y R N W Q T P E B G T B P
N B J G N E L S T R A E H
O G T O N I S D X T N R N
M R S M E I M O T L K M E
I G W V G E N Z H T I T D
T T E H D I L R M T E F M
S V T A O I V B E R V W E
E Y M M A E Z E N C G O D
T B Z R J V V A N R N G D
J X B M L J L E R B Z O V
L Y W T Q Q M P R M Z B C

Those who believe in the Son of God have the testimony in their hearts. Those who do not believe in God have made him a liar by not believing in the testimony that God has given concerning his Son. And this is the testimony: God gave us eternal life, and this life is in his Son. Whoever has the Son has life; whoever does not have the Son of God does not have life.

THOSE
BELIEVE
SON
GOD
TESTIMONY
HEARTS
MADE
LIAR
GIVEN
CONCERNING
ETERNAL
LIFE
WHOEVER

1 John 5:13-14

A C C O R D I N G Y N
S D E T E R N A L R X
G S P N W O N L B R X
N R E O S Y I E K S A
I A N N T W L T W P K
H K M H D I S R A E H
T D I E E L I K D L D
L N O V Q T O L I F E
G D E G E D K B Q N T

I write these things to you who believe in the name of the Son of God, so that you may know that you have eternal life. And this is the boldness we have in him, that if we ask anything according to his will, he hears us.

WRITE
THINGS
BELIEVE
NAME
SON
GOD
KNOW
ETERNAL
LIFE
BOLDNESS
ASK
ANYTHING
ACCORDING
WILL
HEARS

1 John 5:19-20

G L I E S L N T D D L R N
J N Q B K V R Y X R R J P
J B I Q N E R J Z T P Q L
W X J D W N E R D L I H C
H L Q O N R C Q Y E V Y L
O L P W E A Y O Q N U I N
L J T D O Z T L M W V R B
E R N L N R A S O E S V T
T U M E L N L N R Y O T J
R D V G R I K D J E N Y T
L I O E P Y F D R V D X B
G N T G Q L X E Z Q Y N G
B E P T W R R V T X L Z U

We know that we are God's children, and that the whole world lies under the power of the evil one. And we know that the Son of God has come and has given us understanding so that we may know him who is true; and we are in him who is true, in his Son Jesus Christ. He is the true God and eternal life.

KNOW
CHILDREN
WHOLE
WORLD
LIES
UNDER
POWER
EVIL
SON
GOD
COME
GIVEN
UNDERSTANDING
TRUE
ETERNAL
LIFE

Jude 20-21

N Z R V L B T T Y B D J Y
K R D L J R L I S Y Q Y B
Z E X X L O R D A A W D L
J W T C H R I S T W F T B
Q O Z D D K T G D R A E D
E P F L E D N S Y L M Y S
L T D A Y A D Y M R I P V
I Q E L I N R O C P I U V
F Z O R E T J T T R R D B
E H Q I N E H G I H E A M
V D R B S A J T Y J E M Y
O F L U L B L V J T P R Y
L M S P X Y L M R Z D D M

But you, dear friends, must build each other up in your most holy faith, pray in the power of the Holy Spirit, and await the mercy of our Lord Jesus Christ, who will bring you eternal life. In this way, you will keep yourselves safe in God's love.

DEAR
FRIENDS
BUILD
OTHER
HOLY
FAITH
PRAY
POWER
SPIRIT
AWAIT
MERCY
LORD
JESUS
CHRIST
ETERNAL
LIFE
SAFE
LOVE

Jude 24-25

S A V I O R R Y J R Z B W
Q J P S T U M B L I N G X
K Y M R L N N G Y R O L G
P B M O E W O T R D M Y Z
Z R R A G S I I D E B X T
R D O Q J R E N N L A K L
T E V T O E Y N A I Z T Y
T T V H E T S M C X M O B
S S T E L C E T S E J O D
T U I J R L T U Y Q X D D
A G T R E O S B J R W L N
N L Q S H E F M D G V R M
D V S N J C J N J R T D W

Now to Him who is able to protect you from stumbling, and to make you stand in the presence of His glory, blameless with great joy, to the only God our Savior, through Jesus Christ our Lord, be glory, majesty, dominion, and authority before all time and now and forever. Amen.

PROTECT
STUMBLING
STAND
PRESENCE
GLORY
BLAMELESS
GREAT
JOY
SAVIOR
JESUS
CHRIST
LORD
MAJESTY
DOMINION
AUTHORITY
FOREVER

Revelation 1:16b–17

E T F N T R T X T T Y R
C H X E J E D N H T P J
N G S D L E E O F A C E
A I B H C L U F N U S D
I R M A I G R N K G R J
L D L V H N F D Z Y L M
L P I M W I I D E A D W
I A N A R A T N D T N D
R M L S R S S G G Q X Z
B D T L A F H A N D G L
G M T L T M A N G L M Y

His face was like the sun shining in all its brilliance. When I saw him, I fell at his feet as though dead. Then he placed his right hand on me and said: "Do not be afraid. I am the First and the Last."

FACE
SUN
SHINING
ALL
BRILLIANCE
SAW
FELL
FEET
THOUGH
DEAD
PLACED
RIGHT
HAND
AFRAID
FIRST
LAST

Revelation 3:11-12

G M X H E G R L S V Y
S X E M O N N N G S Z
J U A L W L E I R R W
E N O O A Z D A M N R
L R R I I S L N O O S
P C W T R L U N W R C
M E I X I O E R E O L
E C T P Y V T V E E D
T T D I A T E C A J D
Q O L E R N I V I Q R
G X H X M W E C J V N

I am coming soon. Hold on to what you have, so that no one will take away your crown. All who are victorious will become pillars in the Temple of my God, and they will never have to leave it. And I will write on them the name of my God, and they will be citizens in the city of my God—the new Jerusalem that comes down from heaven from my God.

COMING
SOON
HOLD
CROWN
VICTORIOUS
PILLARS
TEMPLE
GOD
NEVER
LEAVE
WRITE
NAME
CITIZENS
CITY
JERUSALEM
DOWN
HEAVEN

Revelation 17:14

B K Q G A C T F N M W V
X E N Z A G A R H R W W
F I C L R I A P R A J G
K O L A T P M I G J N D
R E L H U U N E N X W M
D A F L I S C Q B S X R
L U W R O H E P W I T H
L B T T O W D R O L O T
B Y M S V T E R R V M N
L N E A W L R R E L L K
Y N Q Z L V M R S V R Q

They will wage war against the Lamb, but the Lamb will triumph over them because he is Lord of lords and King of kings—and with him will be his called, chosen and faithful followers.

WAGE
WAR
AGAINST
LAMB
TRIUMPH
OVER
BECAUSE
LORD
KING
WITH
CALLED
CHOSEN
FAITHFUL
FOLLOWERS

Revelation 21:5a, 6

G E R B E A L Y E F I L Y
N N T S L N T L I Y P R G
I D I P I S O N R E T A W
H S H N R T I R B D N T N
T A P I N S T M H Y D R B
Y O H R H I A I L T Q M G
R T M E I K G E N E K T T
E W D E I N E E V G L N Y
V V E N G R G I B J Y Y J
E D G N F A G S Z J Y G L

And the one sitting on the throne said, "Look, I am making everything new!" And he also said, "It is finished! I am the Alpha and the Omega—the Beginning and the End. To all who are thirsty I will give freely from the springs of the water of life."

SITTING
THRONE
MAKING
EVERYTHING
NEW
FINISHED
ALPHA
OMEGA
BEGINNING
END
THIRSTY
GIVE
FREELY
SPRINGS
WATER
LIFE

ANSWER KEY

1 Samuel 2:35

A M R M Y S E L F W P
C B I Y L M R I F R Q
C E F N M A D N I M T
O D S A I T L E D R K
R H E T I S S W A X M
D B O T A T T E A Y D
I E E U N B H E G Y L
N S Q F S I L F R V S
G I N T O E O I U N R
G A B Q N R L N S L M
M R D O G X E Y A H Z

2 Samuel 7:12-13

R G B B E S K E S I A R
A Z N S U I Y D Y E R T
N N U I N I E A S B Y W
T O C G R E L T D F R K
H H D E C P A D O O L B
T O R C S B S R O V E R
M S U O L T E F L E S H
V S E I N V O M F N Z D
V K S R E E Y R A O Z B
K H D R R Y D Q S N D N

Job 19:23-25

L N Z V M R E M E E D E R N
I Q D L E A D N M D J R K J
V B J E L Y E Z E R L X T N
E T P Y V T B B Y Y X T G X
S S Q E T A I R E V E R O F
Y M D I N R R S U N J M L X
L N R R C Z T G O P K W E G
K W D S O A W R N L O A J V
X M N V N W I T R E R N V T
W I K D M R Q S R T D K L R
K O R T Y R L A H D Q Q D W
O B N M G M R L D R M X L J
O G W K Z Z D J D R D D L M
B L Q K D V J G L D R B X M

Psalm 118:22-24

G D N C O R N E R S T O N E
L U F R E D N O W Z R Y V Y
S B V D E D G G J E T G B N
R E N L R J J N J W L D A Y
E C X O J J E O I A G R P Y
D O L L I W I C D O W K Q W
L M A D E C T X T B D O Y B
I E W Y E T H I S E G L N J
U B J P L L L J N R D V V J
B N R T K K Z R Y Z Q V Y R

Isaiah 4:2

B S B R A N C H G D
P L R N Z B R L A T
R R U O T D O Y A Y
L T I F V R R H G V
L E B D I I T O F V
Y X A O E T V R L D
R B U R P L U R N G
O S J N S I Y A U W
L L Y M T I L D E S
G W W M K D T L W B

Isaiah 9:1

D E E L I L A G Y H F
I A J D P K G N U U S
L F R R T T T M T E X
A O Y K D Y B U L T R
T R N Y N L R I B I R
H E D U E E T O A L N
P V E D L N S P L A J
A E L T E U S S D G L
N R L G I E B R J A L
B V I N D M O E N G N
B T F M B J E D Z X Z

Isaiah 9:2

D G T J D G M N Q B W G
A Q Y E M Z N Z K X L D
R L E V L I V I N G E N
K P J Q S T L P K N M D
N B R E A I E E W L T W
E X E E G O L A S Z A X
S N R H P A D L K O J W
S G T L N R B K L Q H J
M G E D Y Y N L P T V T

Isaiah 9:6

N S K D Y N J G R L V Y W X V R
M Z O X B J L M L T Y Y Q P N K
B R R N T N E M N R E V O G K J
T K Q O C R V N R M L K L J C N
E V E R L A S T I N G N N H E Y
W P W V E E L H W K Q R I V T N
O T R Y Z H S L O G Q L I H Z P
N M M I T Y T N E U D G G Q E V
D P D P N B B A U D L I L A B V
E T S E R C Z G F O M D C J R J
R Z J M Z R E O B D C E E T T R
F D B J L Z Y D B P D P R R R M
U Q T L B Z N R O B N V M N S R
L X Y Z K P Q Y V R X V R D K W

Isaiah 11:10

S Q M R M M B D P W N R Z
U D P T M K L E Q X D S Q
O L T G V X O R B X N T W
I P G M N P B Y R O L Z P
R S T R L I R R I D E D N
O M I E Q V L T O R K N T
L B S G B Z A L I O Y B S
G W M Z N N N U E D T T M
J E S S E A Q Y L W A M R
T M D B M N L A A N D D B
H N K D I Y H L D D V N Q
A K Q T K S M T K N W N Z
T V W V J N J R M K W Y T

Isaiah 25:7-8a

X L B Y N Q C J L P M R M
Q O S R B B J A R T M L V
D R W T E A R S S D T M Z
A D A N J S Y Y C T Q D V
E L L T I A N O L P M X D
R N L N W A V O E P L B G
P R O A F E T O I D N L T
S P W A R L P N H T A E D
Z G C I I L E O U K A B G
D E N E E P J M V O V N T
S G V S I Y Y N L E M L J
Z Y Y W D B L R N M R L D

Isaiah 35:2b-3

S N O N A B E L T B P B T
Y P H A N D S R D Q S W V
L R L B D N W R R T J L Y
D E O E N C O U R A G E G
D T M L N L L E N D T M M
S I G R G D N G E V L L J
H R S X A G O S G R E E N
A E K P T C E R S E E N K
R D A H L R K W K B K B R
O J E M T A E R K R L V B
N N W S B N Y J L L V D T

Isaiah 42:1, 3b-4

D E G A R U O C S I D F
T U B Z G S H G R L A Y
H P R Q K O N Y M I P T
G H I T P I Z O T L T Y
I O N E H F N H I N T T
L L G C A J F E A T X Z
E D A L T U U V S N A J
D E T L L I R S K O P N
T E A N P E R R T Z H D
R M E R S W M I B I B C
M S W V T Y W N P R C R
S D P D B H J Y T S K E

Isaiah 51:5

N G M K P T R P N T Y X M
A N E O R Z O O N W A I T
T O R O Y W I A B C N N R
I R C L E T T J O S O O N
O T Y R A S U M P G D W B
N S F V I S I G H L N N G
S U L D T N N O A L D P K
L A A I G I P N T B N D R
S X C R R E D W G X T M Q
M E M B M S R D D Z L L Q

Isaiah 52:10

S Y R S S Z H Z N Q J Q
H T R E R E N O L G P Q
A N B Y Z A E P L W W M
L Y O E T G N W B Y R B
L K E I E D A M D P E L
L S O A T N N B N R D V
A N D M R A M M A Q D B
S L D N D T V B Y R Z Z
Q Z L R E K H L O A D V
D R D Q R T W L A O R D
B L N L R D Z D G S R M

Isaiah 60:16b, 17b

R N R P I P E A C E P T M
I J T E M S P D Q W V J R
G Q J Z M B R D D P T U Q
H V J E V E B A R K L T D
T Z V M K N E Z E E N B M
E V M Q R A L D R L B D G
O G K X O J M B E M Y L W
U W J M I G H T Y R E M G
S D L T V W O N K A E J N
N Q R J A T M Z D T V N P
E M N O S V Q E S Q T Y O
S Y L V L J R A Q B M M L
S Y V Y R B L D Y Y J Y L

Isaiah 60:19

G S Y O U R Y J Y G Z
N H G M R T L D N G B
I I Y M M L H U L R G
T N M Z I B S G I R B
S E G W T Y G G I J M
A D L E A B H O J L L
L M O D R T M L D L Y
R Y R G N O O O D D L
E N Y E T R M L O M Z
V W S Q D N B Z T N Y
E S B Z Z J P K Q B Q

Jeremiah 23:6

S S E N S U O E T H G I R
I C A L L E D D N M D M V
M S Z Z V Y E R N A K B R
W V R I V V S L O Y M L W
V L L A A B A N W L Y E J
H M Z S E J F T N Q Q B P
C Q T B M L E H W Y Z Y P
I D K M B D T Y A I L L L
H B X X S D Y G T D L W T
W Y M Y M J P L J D U L N
L T A N R N P W N V T J T
X D G X W J L Z D Z R T M

Jeremiah 29:11-13

E S O H T K D G I V E G Y T
Y M Q X R O T D G Z Y W J K
W O N K O E R F W L H W N N
R R D G P O T Z I O D L R K
M G X T L D Q S L N O V B J
Y B P R V N Z E A O D E J V
M D D H E S H N K S R X M P
M B O T L E Y Q R U I W M P
Y P S P A V P A T D L D L K
E I G R R W L U D J R A V G
L N T L N A F K B T N R J Q
N E T L L R Y W L S K J B Y
D J Y K P P R T D J G Y P W

Jeremiah 31:31

C R T Q S D L L I W
Y O Q J R A E K A M
L G V O U A Y H M M
E N L E R D O S N Y
R I W S N U A D N Y
U M I H S A A H T D
S O Q E E Y N E W D
V C N W S N W T B Y

Micah 5:4-5a

H E N D S H K D M Y
T M B I T G R E A T
G L A R A E S I R A
N P A J H M F Q W L
E E E P E L E D J D
R M E A O S R R Y B
T H A C C O T E N O
S J K N L E Z Y J V

Haggai 2:6-7

N S E R T F K Z Z J J
S N P M I Q T J J J B
N O E L O W H I L E L
E I L R E C N S R O A
V T B E U N T Z R E Z
A A L K D S D D S M P
E N I A O H A O P L E
H D T H L R O E R A M
M R T S J A Y U R G N
Z Y L W X T N T S T G
Y L E R W R H D Z E K

Malachi 3:1

R G P V T B M B G R Z L
E L T T R R K D D Q R L
G B Z Q N E M O C J G G
N Y M V V A M X A Q N X
E S U D D E N L Y I N T
S P Y N R M M E K T E D
S R R O D I R E V M R E
E N F E G S E T P O R Y
M E W H P S E L L I C L
B A T B Q A E N S B Z B
Y Y J K Y P R E D K Y K
N N J M M W D E Z R R T

Malachi 4:2

S S E N S U O E T H G I R
W F R E E T R G N N D R D
I K L B U U N A I D M X W
N R Y O T I C L E B V J B
G B J S P A A E L F D B P
S V A A L E S I N T Z M Z
Y P E V H I K L U Y T D X
M L E N R E L N S X M M Q
T S T M L I B X D R G N Y
N A M E W X D M W Y V R M
Q Y O J T L Q T B Q P D Q

Matthew 3:16-17

G S S P L E A S E D Z Z X N
B N N P T Y J D A E V O D J
A E I B I E L L E W T B R B
P V J D S R I S B L Y Z D N
T A E U N G I E O P E N E D
I E S C H E L T R N M K D R
Z H Y T I O C E Z C R M M Y
E T I D V O T S A M Q N M R
D N O E Z A V M E X Q T L M
G G D B W N E N R D K T W L

Matthew 11:28-30

B P S R E K A T T Z
J U E L L E A S Y W
L S R E U E C O M E
T I Q D L O A Z Y H
Y L G A E T S R E R
D L B H N N N A N H
E O W E T Y V E E L
R V D O O Y Q A G J
Q A I K L M R Y J N
L P E G Y T Q Y B L

Matthew 12:17-18

P F U L F I L L X J R
R R R T P C P E H M D
O Y O Q H H H G V N L
P J M C A G U O M O N
H L U I L O I T S N L
E S A S R A N L A E T
T S P H T A I T E I N
I R T O V I I M R D R
R R K R K O C I Y B W
B R E M N E P E R N M
W S W S L S N P N D L

Matthew 12:20-21

B X Y V Q U E N C H K B B L
L P P I T D Z N T A B N S Z
L B B C X W R L E K B E B T
N Y Z T R B D R B Y L R V D
S V Q O N D B D T I U Y D M
M M N R Q D W M T I R V E T
T Y O Y T I N N S Y B C D Z
J Y B L C N E E G L I T N U
S E N K D G D Y L T R M Y D
G B M M B E R Q S D Q E D D
N Q B A G D R U Z J B R E H
I Q T Y N T J I N Z P G O D
R M L J N T V L N Y L P J Q
B J P J L V Q M B G E N T R

Matthew 24:30-31

D Q G Q Q P T R I B E S M K
L N N R N X L Z R Y J O Y Z
Y K I T P S G B R T U T G K
Y N M R Q R D O R R E W O P
G R O Y E N L U N T C E L E
Z A C A P G M R O B L R J B
K B T S S P M T K L R Y M N
N M I H E L M X M J C K E A
B G R T E T E N Y K B V P Z
N R R G R R V G X B A P S X
Q T J Y T Y R Q N E E O Y N
X K M T Z P N Z H A N Z L Z
N B D Z G J X D R Z X M G R

Mark 4:30-32

P G X X L S X T S Y R M R
L A T K H T S E L M G J L
A R K A B E H Y D L P J N
N D D I L C D R A T S U M
T E J L N G S R P G N G V
E N A A R G G U R X S V K
D M R O N E D O S D M M Q
S B U S S E W O R E G T V
G N N T E S S I M N J N M
D O B Y D E B T O R R M X
Y P D R X G D L S T X R J

Luke 1:32-33

F Z R G G D G K B D R O L
D O O O A Q I E V I G T R
E D R V T N E N O R H T Y
L T I E G S I S N N M J Z
L D A D V S E G O Y Y N D
A T O E R E I C Y N L N T
C M S A R E R R N H D N T
V P E O R G E Z G A W G B
Q L J X M V K I B N M V J
J P L N P D H V Y K K M R

Luke 1:67-69

B L E S S E D H O R N
F D H T N A V R E S L
V I B A L D P D A D W
D D L J I E E L R D J
E E D L O R V S M O V
T L M P E A A N I I L
I I L E T D E H S A Y
S E R I E S I R C L R
I Z O I U D A V O E V
V N Z O P E E H A D Z
Z W H N L S N R L D Y

Luke 12:36

G V D K D C S M T T I
N J J Y O K N G F M N
I L D M C X P E M L W
D T E O M E A E P A L
D S N P O S D E I O M
E K N P T I W T K A V
W V L R A V I H S I M
X E O T U N B T E N L
X O E D G T E R Y N J
D L B Y X R E M R J D
Y K R Y X X P R K Y L

John 1:1-5

G S E N I H S H S X R
N S E K B L G S N M Q
I G A M B U E L I F E
N N L J O N H G L D V
N I L R K C N T N J L
I H H R L I R I I M N
G T A W H I K E A W B
E D D T O N G D V N B
B T O Z A R E H M O M
J N G M G R D X T Q T

John 1:12-13

L N B B E C O M E
D L E B L O O D B
E E A R R N E Z Z
V Q V E D V R F K
A G W I E L L O L
G O N I E E I L B
P D L A S C I H M
Y E M H M W E A C
B R K R M E N R Z

John 1:14

Y L N O H Y N L M
L M M T Q E N Z B
Q Q U B E F U L D
D R H S E L F F K
T E M G G C A Q E
W T V N L T A C J
J O O I H O A M N
L M R E L R R O E
A L R D G Q S Y Q

John 3:16-17

S W H G U O R H T E
D E H P V S G S F L
L L V O E J E I O J
A O G E E R L N N N
N V N B I V I M D Y
R E T D Y L E S D T
E D G L L D E R H S
T D N A N R R B A K
E O D O V L O V X D
K G C R L E E W T Q

John 3:35-36a

S E V E R Y T H I N G
F D M Z W W L T O S Y
L A N R E T E O E H I
I N T A G D M V V N W
F Y G H H B E R T E T
E O G Z E I Y O Y U S
D N M G L R R P P D B
J E P E W D Z N O S M
W X B N Y M N Q T R D

John 4:13-14

T S M M Y A B S J Z S M V V
D L P J D G T M O U L B N K
W X X R M A T T S O E Y J T
Q E T B I I V E Y V N D T T
B T Q H U N J V I M L Q Q B
A E J F I B G G R R N N V W
N R C Y R R B R L I F E V X
Y N R O E E S L H D R I N K
O A W V M X S T I W A T E R
N L E R Z E I H Y N Y B Q J
E N P Q B W S K N N G T R L

John 4:36

H A Y R Y R E J L J M Q X
A M W O L F Z A G D J Z B
R B J A I R N P E O P L E
V P R L I R P Y Z H G G J
E L T O E T S A T B N X Q
S A A T U E S O I Q Y R J
T N E L G G B Y Z D Y M P
E T R A I O H F R U I T N
R E W D R K O T R G T N K
S R R R R L E D M Z N M L

John 5:24

H N N Y D A E R L A S J J Y
T E D E X R J T M T H N D Q
U T G Q T R N L E T V E I K
R E L A D S Z E A R N K B S
T L I M S P I E V M N E V Z
Y L F G Q S D L E E L A N Y
M M E D D D E D D I R B L L
D P M X E L N M E M P Z Z K
M Q Y S W O B V V V T D T N
R Y S T C L E L X K R Z X M
D A Q T N T B J D J R J J G
P O J K D E L R D T D T T Y
X K G L W J S J Q Y L M X Y

John 5:25

C O M I N G J E W Y
Z N T V Z D M L Y N
M E H Z O I Z D Q R
D T O G T I E V I L
A S S U R E C E M K
E I E N D S R E N J
D L O N L E O R T Y
Y W I B H K T N W R

John 6:27

S P K Q W E Y P Z Y R
E E Q R F I E N A M L
R F T I O R L F B P K
U A L E I W O L M M R
D T N S R O Y G R R T
N H H O D N I S E A L
E E K P S V A D O G W
S R J Y E T B L L V R

John 6:35

Y T S R I H T J B S Q Q
R E V E O H W E E S L Y
R H T R B T L M U E R T
S T U L P I O S F R Z P
G A L N E C E I L Q B L
Z I I V G J L D A E R B
W B E D W R L L N J T X
J S X Y B X Y N E V E R

John 6:39-40

N E V I G N Y V L M N Q
O S E N T L Y E L B K E
T R T L O D T W I M F J
H V E S T E Z J W I Y R
I Q E V R S R J L Y E P
N D P N E A A D M H Q Y
G Y A D I I R L T D R J
S L D S N V L A Y K G D
J O E K D Q F E Y Y B K
L J N Z J Y G T B D B B

John 6:47-50

S H T U R T E D W A
N S L M E N A F N T
S W E A A E D C I L
L E T N R N E I E L
A S V B R S N N E H
N N V E T E O A E D
R J E O I Y D A P T
E T R V N L V L E G
T S V A E E E L I Z
E T Q Z N R L B L W

John 6:51

R N B M G L L L I F E
Z E E I B L L I T Y F
L D V V J I D L V L X
I E A E A W Z O E E P
V W Y E R E M S W R R
I R N L R O H C E N K
N Q R L Z B F N A S D
G D L R O W O M I M S
D J L L B Y L H B T E
B L Y K N K T R A J Q
B L K A G R Q E B J L

John 8:12

S H N P E M E S B T M
S R A R M L D E E B J
E F O V P A C F S M N
N M O O E A I U X J Y
K S E L U L S L T Z M
R P E S L E T H G I L
A O E C J O D L R O W
D K Z Q N K W A L K W
Y E D T G O M Y Y M N

John 10:8-9

L H G U O R H T B N D J L
P I Y E B Q H Y E D N I F
A R S R N I Y T W R Q M B
S R E T E T A L N Q B R N
T R O V E G E E P E E H S
U S E B E N R R M V Q L G
R S A C B O E A S T Y R Y
E Q O V F E H D L W L L R
Z M L E E N R W X L V T R
E X B M G D P S R R D L D

John 10:27-29

R E H T A F V O I C E
G R E A T E R E X D L
H F L N V K T X S N V
S H O I E E N N Y Q J
I E G L R V A O S L L
R A F N L T E H W G L
E R A I C O E R N D Y
P L L H L E W H A N D
M B P M P Y K M G Y P

John 11:25-26

N O I T C E R R U S E R
Z T Z P R G L L R T T Z
E N O Y R E V E H H S T
V E J D P L J O O A M N
E V I E I N U S I K W P
I E M F S G E D L I R Z
L R E J H U E V L B R D
E Y D P D V S L E W Y Q
B M M Z I Z Z P T T L J
Y W N L R N W Z D Q M Y

John 14:1-3

E A L W A Y S E Z T
E V R E Z C C J D G
R S E J M A O E J H
A T A R L O L M G N
P R D P Y B H U E F
E A Y G U T O D A N
R E Z O R N H T O R
P H R U E K H I O G
P T S G J E V O N N
D T R W R M M K M G

John 14:6-7

L I F E Y Z D N V Q
D E R E W S N A N H
F H G U O R H T T D
E A R K S J K U V L
S X T E Y E R N L M
U W C H A T M E O S
S A X E E L W O E W
E Y D N P R L E C Y
J K N K Y T N Y L Z

John 14:12-14

B T Y F W O R K S
E R E T A E R G L
L U J N M T N B D
I T B A O I H G V
E H N R H Y N E Y
V N L T I I N R R
E A Y L O N O A S
S N S G E L G O B
A D W K G T N V N

John 14:26-27

T R O U B L E D T K
Q F T R L V L E R D
E A N L I E A E L H
T T Y G A C M R E Y
I H A V H I O A L A
R E E C N W R O F J
I R C D O T H R Z E
P W N A S V A B M L
S E J M E I D A M N
S V W J D P N A G J

John 15:1-3

R E C U D O R P R G D M M B
A E N B M J P A Y E R T R T
P L N I J E E Q I L Z R T N
R N R E V B S F B R A N C H
U E J E D E I S V D N Y D M
N L H L A R P T A T Q P M T
E Y E T U D A A Y G T L R N
S E R P A M Y G R I E D K G
T U O E I F R B U G K P Y M
U R M N V Y Q R W Z T L Z L
C T E T M E F N V D Y K Z T

John 16:33

T A K E T T T O
P Q W O S R V T
E E L O O E T N
V D A U R H H T
A U B C I L R T
H L O N E A D M
E M G Y E R A W
E S D H D Y P D

John 17:2b-3

G W K E V T O N L Y
L I A N S L L Y G M
Z C V I O A A H R Y
H S R E N W T L D T
T H U R S R I E Q L
C N E S A F U D O G
Z T E E E R L Q L V
E M N S T J V Q D R

Acts 3:25-26

B G T T J Q M V O V D Z N Z D B
L N T Q D Q J F J L N L B T W M
E I M P R E F X D T D Y B T K K
S N D Q P S K W Y E J Z M W Q X
S R G W P B P C S Y N D P W D W
E U Y R T X C I I Y L R L R Y B
D T I D N V A O G W T P M V B N
N N T R A R E O V S K B B F B J
G J K N V N D A E E Z M A T S Z
M A H A R B A L R B N T S T B Y
X Z K Y E B P G B T H A E E Y J
H V J X S O B N M E H H N Y N Q
W E G Q E J Z J R R P W X T J T
J Z I P M B Z S L O B A D X X R
W Z M R L R M V R K V Y Z K B K
R X J V S P T P W J W S G N N J

Acts 4:12

N X N Y B N Z D O V G M T
S A L V A T I O N T D M E
U Y T K R E K V D Y H M L
R N R Z Z Q L M V R A E A
B M D B M X L S D N V M R
Q O N E V I G W E E O D M
R R N H R G H D J N V U N
N T B K E I N L G Q S A W
B A V M C A L Y N T G P S
Q L B H L Z V R M Q X N P
N S Q L K K Q E Y V G Q Z
Y R W B J N X B N M G L D

Acts 5:31-32

W F O R G I V E N E S S B
O I T E M Z C D C J T M M
S N T Q X N L N T Z J D R
I P E N I A A S A V I O R
S H I R E T L R I G H T D
R A P R N S T T M L Z N K
A N S E I N S Y E Y Y N T
E D P I A T L E E D W L Z
L E X R N O J B S G O D L
R P G Z H S O R K V B M J

Acts 13:22-24

D E S C E N D A N T S
T I A J E S S E X E T
E S V B Y H S K C D Y
S R I D R I E N I P G
T A O B M O A A D N J
I E R O A T U E R G G
F L R D N P S G N T S
I P G E A I T I H U J
E R P O A V M I S T M
D E R R D O I E S W L
R Q Y P C Y J D N M D

Acts 17:31

S V V J P R O O F R R W
M E W T U G J T Q J R N
A A T I Q D I F R O M N
N P J X L M G V X R Y J
Y P D U E L T E E V R J
G O D W S V G D G N B T
Z I Y Z H T E N A T D Y
W N Y M G E I R B Y D W
O T Q T T S N C Y A Z T
R E D Z I D W M E O Y L
L D N A L L R D J R N B
D N R Q L D N T N N X E

Romans 3:23-24

T H G I R S S X Y M B M
D Y D J R N H V D O G F
M L R R I M M O G L A B
E M D S A G G L R L N J
P V E T J D O R L T Y M
E T E N S R N M A L P B
N H R R I I D A E C L J
A G F O Y J R E T D E G
L I U V E O R H N S L T
T S B S L F N Q C N T G
Y B U P Y P V E V K I B
D S T N T Z V Y Y B G S

Romans 5:2

C U J C H R I S T N K W
B O N O P L A C E M K L
P B N D Y D R A W R O F
D R B F E F Y R O L G M
N O I D I S U B Y N B Z
A U O V Q D E L I M Q J
T G F Z I C E R L O O K
S H M A A L A N V Y W L
Z T R U I H E Y T E T T
B D S N S T N G L L D M
L E R Q V B H Y E N Y W

Romans 5:3-5a

S T R E N G T H J E P B W
T N E D I F N O C L R T D
S J R W W X Z N E E N U R
A M T E T O A H J Q D N Z
L V E B T R N O J E K Y Z
V N T L U C I K V N S T W
A W D D B C A E X L Y D Q
T H N B E O L R A T Z K T
I E O M G O R I A J J B D
O P Z P P M R P Y H L G R
N W Z J E T Y D Z X C T D

Romans 5:6-8

G O O D D E E W E R L L
T H M B M V I M R Y V J
S T E A O L I N D Q B X
I R C L L T H G I R P U
R T E I P G N I D N E S
H H N N Y L R E T T U V
C G O D N Y E G R E A T
D I Q D E I D S M T Z T
T R D V L Q S J S W W L

Romans 5:21

D Y L M K Q G N W M L V M
L Z D P L O Y O I L J J B
S T A N D I N G A S R Y T
P Y H O D D L N D T J M Y
R E V G E E R Q S E F I L
J E O R U E L I K H X Q B
R E F P T O R U T J J M D
X U S E L H R A R I G H T
L Z L U C E E B E C A R G
D R O L S D L P J B Z L Z

Romans 6:22-23

N O I T A C I F I T C N A S
E T L S M Q J X W W Y G E G
M T I V J B L M A Y K E Q Q
S N E G V R N G W B R R N L
Z E D R L N E C Q F J G Q R
M D V N N S M L H Q J R T Q
T Z L A Y A N J B R T N H G
I R M T L W L I F E I T K L
U G I F T S S B W P A S D J
R D L Y Z D S U S E J M T Y
F R Q N A N X N D D V X Y G
Z O W E Z R L N N Y O K M B
Z L L Y D L J Z J K R G Z T

Romans 8:18-19

E D E L A E V E R S D
C X L R J W G R U O C
R R P G E L A F G O K
E N T E O D F I M L P
A P E R C E I P T R Y
T W Y R R T A S E S W
I E O I D R A S N I P
O A N R I L E T L O L
N G Y N T N I L I T C
S E G T T H X H K O J
R R L M K R L J C W N

Romans 8:23-25

F A T I B O D I E S D B L
I M D D N D T G T E M R P
R E Z O Y W T R V Q D P N
S A C Y P M A A M T W O G
T G R Y D T S R I B I J T
F E E G B N I R D T Q B E
R R A Q N L I O P Q T C D
U D T V D P W M N I N N N
I H I G S M E N A E X N J
T D O N R D P W I S D J T
S B N P E O R T D Y E L T
T W M R E K A K R J M E L
Q Q M Z L P Z N N T B X N

Romans 8:38-39

S E P A R A T E K E R M T
Y S N O M E D G O D V W D
K C F E P S Y P B Z Y O N
Z M O U I R L D O P B O L
K Y Y N T T Q E T W I Y D
E F I L V U H T G T E E J
T D M W P I R E A N A R C
R H J P R Y N E R T A H S
L P G E E N R C H D R B H
O L B I S C D T E I J T W
R T K K E U Q N S D P T T
D Z M L N H S T P E Q L R
B Z X B T B Y R D Y M V Q

Romans 15:13

T N E D I F N O C C T J G
W S Y C V F E P O W E R J
O P Y V R P I M P E A C E
L I M D O U P L N L J H D
F R P H G L O M L N O M M
R I N T E T P S Y L Z T Y
E T X T S Y W R Y O Q P N
V Y E U J J Z G A W J J J
O L R G O D K R D Y Q J M
Y T L D B G B L Q N M L V

1 Corinthians 1:22-24

S C S C A L L E D Z J S
S R G T R E W O P E I J
E U T E U T Q M W G M L
N C G N N M G S N D B C
H I M R T T B S T N H D
S F O Z E J I L H R L Z
I I D B D E H L I T B X
L E S L B C K S E N O R
O D I G A L T S G S G B
O L W E O M O B M D M D
F V R Q M D B C B T D L
T P T M Y Z X L K G D N

1 Corinthians 1:30-31

S A N C T I F I C A T I O N
S S E N S U O E T H G I R Q
N W N O E Y D G O D Q Q D M
E L G I B C T R S U S E J D
T Y L T C E R R O T Q Y G L
T N T P M H C U S L Y J T N
I D T M R Q R A O Y P X T Z
R Z D E D W O I M S Q L W R
W V D D L B L R S E D I L X
M R P E D X J D G T S I L P
O R N R R L M J J D F R K K
M P N M B N Q L O E W T B T
N N Q T N W L M D M M W Y G

1 Corinthians 4:5

C O M E S J D S W A I T Q J
Q G N X Y L S D N W X M M V
W M M D T E Q Y R P Y P B J
L G Q Q N N Y X E O W R D L
R Y E K L W E R W K L P T Q
D R R K T W S M R G R Y M N
K A O Y P O N T G A N J V J
D B F G N A T S I D N I N M
G D E K R B S S T G U E R L
W X B L N J E S T R D J H B
E M I T D L Y H I D A U Z D
N J G B R Y G N I N M E T M
M T J G T I R H Y A G T H R
Y Z R X L L D J N Y P J W W

1 Corinthians 15:20-21

N H S E M O C A D A M E
S O G D E A T H R D I R
T M I U M X T W N D M D
I A D T O T S I R H C N
U D D E C R A S L E E P
R E X Q E E H Y N T P P
F F N X V D R T R M D N
T P A I J A N R D A E D
S M L L I R N I U W L P
R A N S L Q N P R S X J
I T E K M E Y B N W E L
F D X L D P N Y G Z N R

1 Corinthians 15:47-49

H E A V E N L Y B L
D N P E D A M Y J S
U A Q E T J A Y E J
S M T S O D L C N X
T E R T E P O I W Y
W I A M S N L E K M
F H O R D I M E M E
W S I N T A R A T M
Z N Y L C H K H D J
Z V W K E Z Z K C A

1 Corinthians 15:51-53

I D D T R U M P E T K R
B M E E L L B O G T G N
M Q P A G Q Y N M J T S
Y R D E D N I X T E O R
D D M Y R L A Y B U N G
G L J O K I R H N T D T
P M O N R E S D C E Z K
N E I H T T D H S E Y R
T W E S E R A I A D Y Z
T S Y L X B A L O B G E
L M A P S R W B D Y L R
D P W L T R M J Q K Q E

1 Corinthians 15:58

R O B A L W L F R L Y Y L T
R M J D L B O L U O R K W S
W L R G I V E R U L L R I D
Z O A D D Q J R K M L S N T
L Z E J M M S N O S T Y N Q
N M D P Q E O V R E T O J B
L I N N L W E E R N T X Z L
V D A V A Z H S S H R N G F
D N E V L T V Z I Y Y P I T
K S B M O M S N R T A R L J
T N L R G B G D B N M W T G
M Q B Q V M L N P D J G L Z
J J V L K V B X D D Z N D A

2 Corinthians 1:9-10

D R L H Z H F M O B M
E M E L T E C U D O G
L C Q C L A R U N L R
I R N T E S E J S J D
V A Q E E I P D N K R
E I R L T E V I T J G
R S V E R N A E P O H
L E V I L G E P D W J
S S L N A Y N S R Y T

2 Corinthians 1:21-22

G N I E E T N A R A U G
A O H E A R T S T Z W R
N M W Q T F L I V S B M
O A K N I I S A T Z Q Q
I K C R E O R A E T Q V
N E M H P R N I A S M J
T S H E R D S H P E D R
E N D T G I W H M S Y Z
D T O D O R S O I R X D
M R R W D B C T Z P Y K

2 Corinthians 3:12-13

I S R A E L I T E S
M B Y F D V E I L D
O H R N A M B O L D
S C E O O C E Z A G
E U V C U C E H D R
S S T G N G O V E R
N U R I D P H T W Z
O L S Y E Y G T K Q

2 Corinthians 4:5-6

H E A R T S Z R Y D R R B R
O L V K L Z N N M T K D T G
S U Z B N B Y L D D I S T L
T Y R B L O R D J S H M M R
N G K S Y B W R P I S A K E
A B T Y E G K L N S W Z M X
V T D H L L A E E L I G H T
R B S O C Y V N P D K N Q L
E R R I E A K E S E G V L M
S Y T D R R E U S V C E J X
L X R Z A H S R D I B A T G
R X J D J E C R P G B T F W
L Y G R J N K L G V Z G L T

2 Corinthians 4:8-10

D K P D L C B C L D Y W R L
J E X E A K R V E T D M M J
A T Y R R U C T R E F I L Z
Y B R O S P U U L S U S E J
D Y A H R C L A R D K M R X
O E E N E T E E E T D R P N
B D S S D V S S X N S N L T
Y R R P E O S E U E G W J K
Q E J R A E N O D V D R B Q
P T X M R I R E D E A T H B
M M J P G A R Z D W Z Q L Z

2 Corinthians 4:17-18

O T P R L O N G R Q T
E U R R E W Y D P N B
C G T O E V L L A M S
U V A W U S E L O O K
D G A Z E B E R N M L
O L F S E I L N O K N
R O I Q T N G E T F B
P R X S E L N H S Y D
T Y A E D O Y Z S G Y
K L S N G Y Y N D Q D

2 Corinthians 5:16-17

A Q N R E G A R D E
C C L O N G E R R G
H P C E I E E O R V
R A W O C T F M D Y
I S N N R E A L O F
S S O Y R D O E L C
T E E E O H I E R A
Z D H V E N S N W C
T T L B E H E A G R
L V Q O N N Y N M Y

Galatians 5:5-6

T S S E N S U O E T H G I R
W S V A L U E L X T V E O R
T Z I N R R Z J N E A I Z J
M I G R N B R W X G R L B Z
N M A M H K D P E C T Y J Q
S V J W L O R R U I P K V D
T T M Q A E L M R P W B J B
N H N V S Y C I N Y Z N X N
U X R S L I P F M H B D J Y
O J I O S S G L A W O E B B
C N D I U B W O M I S P R M
G V O B M G P V M U T B E T
M N M B L Y H E S Y N H J B

Ephesians 1:11-12

P R E D E S T I N E D L
E S I A R P P H R B I T
C L L A B U O D G N D J
O Q R Y R P Z P H L R Z
U R R P E G L E O T Z R
N S O R L K R B W I L D
S S G O Q I T W M W G T
E Q R N T A R S O Z S M
L Y B A I B M D I R L P
Y K N N R H J X I R K J
R C E V Q R T F W L H S
E D N Z W D D M Y G N C

Ephesians 1:17-19

D W R Z P M G Z J Y R B B P W N
N E R X W J Q Q L Y J D L M I Y
O D N Y R Q D J N M G Q K N P G
I E V E I L E B Z N P S H T M N
T J B D T G X M J B P E D N J D
A D E Q R H Z Z T I R T W R B Y
L L G S T D G M R I S I N W O D
E V J L U Z M I T R S A X B Z L
V T L J O S T A L D C D I E R L
E S R D V R N L O N L A P N Q M
R E T D P C I M Z R E O L C T T
W H L R E J M O E T H L H L D S
T C G P A R D W U Y Q R D L E Z
L I M M B E O J N S I D T B L D
R R T L P P H R W S J Z M J D Y
L W R R B B D G T Y N T D N X R

Ephesians 1:22-23

C M M G B R Y F T E
O A R O E F L D R Q
M D U D H E I E O T
P E N T S C H L I B
L U P M H W R F L S
E G I R Y O E U G S
T H I R H N R N H L
E S E E E A I I L C
T V A B X H L U T Y
E D R L T Y F L Y Y

Ephesians 2:8-10

T P G A L Z W B H V Y M Q
H H R V D G G A L O D X Z
R T Z E O V N Y U N T Z L
O I L O P D A R D E V A S
U A D D I A S N W O R K S
G F C W E E R U C M T R G
H B O H L T C E S E B K J
D R O V R T A A D E X K B
K B E A F I D E R G J W N
W S T I S O S W R G D X T
L Y G N G T R T Y C M X D

Ephesians 2:12b-13

D B R O U G H T W B
H G U O R H T M R E
R T T J E S U S C T
W I T H O U T N V G
U T R P O S O B O T
N D K A I P L D D A
I Y E R E O E L W F
T L H V O N R A A D
E C R D I O Y R L T
D Y D X W L L J P Y

Ephesians 2:19-20

T B Z M M T F S T E H P O R P N
B D T W M T M O V Y L B N J Y B
S N B T R E N Y R N T S P R G L
M R Q P M Z X N O E E X E Y K V
Y V E B W J T I D L I N G D J M
N R E G N B T L T D O G L M V Y
Q R L T N A X S M T Y O N J K R
S E G L D A O R S T H L M E Q D
T L Y N Q P R R R E S N C G R D
J P U K A F E T S L F I D D J S
N O N W E N D U S E T J R M N V
F E V I R M O N L I R E T H M B
T P H O M H M L Z M Y S L K C T
K C C N L X O E Y R B U Z Y G L
G P B B J W N Y N Y V S M Y P G
M N M L K S X Y W M Y P Y T Q Y

Ephesians 3:16-17

S T O O R V M B Z D R J P
J Y Y M Y K D R V E D B R
H T G N E R T S N D Q T J
P J N T Y T N N E M S D D
S R G J R M I T Q I T X L
G E A L M U I D R Y H G P
L M C Y R M S H H E R T T
O M Y R I E C T A O I L G
R K P L U L W R W R M N N
I K N Y O O T O I L O E T
O U X V L S S P P R N L N
U L E Y P R S E T M G J D
S M X R X V G S R M E Q D

Ephesians 4:4-7

D R F N Q L M N H C A E Y
P E J A D L E T T L B M L
T B N N T V K H M K M P R
I A R O I H R B O D Y X P
R P E G I O E H T I A F J
I T V C U T C R K M M J T
P I O G A A R T S I R H C
S S H H L R D O T R L G D
L M O L Y R G M P V B Y Q
J P E L O L L X Z P R L R
E D N L N N T M V G A D R

Ephesians 5:8-10

N R R D D L D T D R M T Q
E Y Y Y D X B A J D F Y R
Q C H I L D R E N R N Z M
Y V N M Z K Z T U R N I J
M M V O N X M I M M X Q F
R B P E P D T M Z N N L L
D D S V L M G R B T W D R
V S W K E T H G I L N L G
T T J J A R Z N D U I O Q
H R Z Q S M O R O V O V X
G U T N I W O F E D T J W
I E K L N L R Y Y J N R Z
R B Q R G M D V Y R W Q Y

Philippians 3:13-14

C G D D B R J Y T K W V N
O J N F A Z B S T D Q P L
N X I I O E I Y T B S N Y
S P H Y T R H O J T L Q Y
I R E D H T W A R S E I L
D I B C S A E A Y D R L J
E Z B J R S I G R G O A L
R E L D E N E A R D T Z B
B L G L I S W R L O G V T
M O M N A P U N P P F J J
D T G J U C B S V Z T T Y

Philippians 3:20-21

P G L O R I O U S Y B
I R O I V A S S Z T Y
H A W A I T E L R D Y
S G H P S L R A O C L
N E N E B E N E O R T
E L A A A S I N W S D
Z Y N G F V T D I O J
I E L O E R E R O E P
T Q R W O R H N S B Z
I M B L O C L U N N Y
C Z Y X W L S Y R B G

Philippians 4:6-7

S N S P E L B L R D Y N U
D O U R V H T Z R D Z N S
N I O E E J E A T N D U P
E T I S R S U A O E S T W
C I X E Y G T I R E D L Y
S T N N T B T S J T B R M
N E A T X A T J E R S I Y
A P B G U A P C E U N P N
R T O T N M E Y H D Q R G
T D I D N J A T S R L E K
T S I K T R C T B N I R R
L N T Y P D E V V V M S B
G T L M K M M L D T N M T

Philippians 4:12-13

C N H T E R C E S Y
O O G N I E B A H Y
N I U T Y J T T L G
T T O L M R G N I L
E A R E P N E V A Y
N U H A E L E V R W
T T T R W S E G E N
F I T N Y O N N E J
E S W E L U N E T M
D V T D H T D K T Y

Colossians 1:3-5a

T H A N K H T I A F G M
L O R D Y R S E P O H Q
G Z I L T V E T D J V X
M A B P S S D H N L M B
L J R D N Y I K T I M X
Y A M O M N A R D A A T
Y L K G E S Z W H B F S
Q W T V U H L M L C D J
J T A S D O E L D A Y J
Z E E Q V X J A K X J G
H J R E N Z D Z R N R B
W J Y V Q L L P R D K K

Colossians 1:13-14

T R A N S F E R R E D
R P D R Z V M O T N I
E W U S E O V F P D M
R V O R D S R Z A T F
A N A G C O C R Z R M
E N N G M H K U E L S
D I O K R N A E E N G
K T U N E O D S I D B
W V R S V O F S E L Q
L X S Z M R Z L J D Q

Colossians 1:18b-20a

E C H R I S T X Y D Y
M G N I H T Y R E V E
E S N L R X H L B V D
R K S E Y I I E L E Q
P B V E M C G E S L H
U O V S N I D A S G A
S I E O N L E A U I R
L L C N G L L O E L R
F E I L P O R U R D Z
R N L J T H D R F M R
G Q R D T Q T Y M K W

Colossians 1:22-23a

B L C H M X R M F R D Z T
L E Y O M W G A E E A B G
E P D L N C I C H C L G K
M S O Y H T O S C J D R D
I O B R H N I U N Y X T J
S G I T C L S N P N D M D
H S M I B A J L U V D B L
T J L A T P R E S E N T K
M E T I M R E Q A F I R M
D S O Y D R T T E P O H W
E N Y D F L H M D N W D D

Colossians 1:26-27

G E N E R A T I O N S
A S S U R A N C E E Z
D E G A S S E M I V V
E V S E D O G R D T Q
L P X E N S U I G Y Y
A T E G C T E N V W D
E S M O N R I H G E B
V I E E P R E L C K S
E R C V A L O T E I D
R H Q H I R E P M S R
T C S N Y L T T Z T X

Colossians 2:6-7

S D D W M L G G W H K H
S E R T O Z N V T K T K
E T E R L O L I R U Z M
N P D U R J A G R O W L
L E F T N F S T M Z V O
U C S O R I C E X M V R
F C S L L P T H V E K B
K A U R D L N N R I U W
N N S O O Z O F O I L D
A R E O W Y L W L C S T
H T J T N O N T M D M T
T Q Y S W V D D J M J D

Colossians 3:2-4

Y P W J D L Y T J R P W B
L M T Z J T Z R H D I E D
H Z D B Z L Q T T I W Q L
M I D E L A E V E R N T M
G I D Y T S T F J V S G B
J O N D T Y I T Q I O V S
L M D D E L R E R N V B G
R R L R S N A H R R V L A
T Y N M Q R C O D Z O L R
D B N D T Y N V S R Z U T
Q K N H L Z N V Y L O N W
J Z G T G T R W Y R A J B

Colossians 3:16

L S R C G X L E S N U O C
U W S N H F G P D M B B N
F I I E I R I T E A C H J
K S S L N R I S B H Q N T
N D L M I H S S E W Y M J
A O H T L A C A T S P N K
H M U Y G A R I E N B Q Y
T A D E M T S V R D R Y D
L O R L S N I P G I V E S
G D Y Q Z L S M X R D B J

1 Thessalonians 1:2-3

S S E N T S A F D A E T S
G W G E V O L E P O H N X
L N Y O T V R R M M B L Z
M T I L D R A S M H R K L
T S Q R T Y K S T J R Y B
F I P R E N R I U O Q Y M
A R R R A B A B W S Q L T
T H S H L F M T M L E V L
H C T E A Z L E S Y N J Q
E D M V B L T O M N Y V L
R Y N I O Q M P R E O D T
D V Y G R Y M V Q D R C Q

1 Thessalonians 5:8-9

N O I T A V L A S N B Z
A J E S U S L N D R O L
R P Q P Q T T B E J Q J
E C P S A L V A T I O N
C H K O O H S H S D R D
E R E V I T T U O E J T
I I E L P N F I B P H T
V S M L M F T O A T E Q
E T A G E E S L A F W J
T T O R M Q T R T K R L
E D Y J K D W P R M X L

2 Thessalonians 2:16-17

N E C H R I S T E C A R G
E D N R E H T A F L D P Z
H V E C D R O L O G O O D
T S K E O Z K V O L T D N
G U T Y D U E D A E Y L D
N S W R H D R N V R T D R
E E V O A Y R A M T J T P
R J P W R E G B G P N Z P
T E Y Z T D H E V E R Y B
S R M E V W B P M M M M D

1 Timothy 2:3-6

Z L S Z R Z D P R L L Y Z N M N
Y Q E Y R E W M J N M T T P Y R
B P S W Q T C D E K G H B Z T N
D T A M Q Q Z O R G G O G Z Y L
B R E R Q Q U N N I A Q D T Z J
M Z L M Z D K N R C L S I R L L
L E P R O T L Q D J I N S Q R P
S Z D Y R D L R B E A L M E U T
A T B I B M E T O M R G E R M L
V B S W A J M E U W O S C L D W
I W W I E T K H R O D H T H T D
O D Y S R M O V D F A J T A L T
R T U P V H P R J S Q U T W N R
R S P L P R C R E T R V P Z R D
Z B B L Q Q Q Z T T Y R D N Z B

1 Timothy 4:10

D Y E S A V I O R Y
D N L V L T S T L B
H O P E E T H L B B
D L R E R I A O M M
O J I I O I L L S T
G Y V V C P L E N E
D E Z E I L L I B Z
B D P W W N L E O Z
L S N Y T N G A D T
E V Y E Q B Y R Q D

1 Timothy 6:11a-12

E T R I G H T E O U S S Z Z
J C R F Z V R Q R P E Y Y R
X D N U I V Z H P S Z P V D
P G B A E G T M S Y L D O G
D Z E D R I H E C A L L E D
P E B N A E N T D P B G R L
U D C F T T V L A N R E T E
R D M L I L L E O L X T M W
S B O W A I E K S V V G Z V
U G L O F R Y L B R E W L P
E V R E G Q E Q T N E X G Q
L L N R J P R D N V Y P L T

2 Timothy 1:9

M M T S I R H C P B T D J
B E F O R E M V E D V K P
G Z Z T V D L G R P T D H
I A N Y T H I N G B D O J
V L D V L N Y D E T L T X
E I M Q N T E C E Y I R X
N F D I L M A S G L N M G
Y E N N P U Z K O G L S E
N G R D S N Y S R P U A Q
G J O E W M J A A S R L C
D N J O L D C W E V M U D
E N M K B E Q J T J E X P
R T M T L Z N M Z R L D D

2 Timothy 1:10

E G S G D Y B Z N R I N Y Z
I F N W W W Y D G L Z V B K
J M I I E N X B L J Y T N Z
E P M L R N M U R W J T K T
S O X O N A M N O O R T N T
U W D N R I E N I O K W A Y
S E G E N T C P I A Z E L L
Z R J A A H A V P M L Z D R
L M T N R T A L Y A N P N M
W E N I G S H D I E D A M G
D B S G O O D R B T T V J T
D T R B K Y T T K Z Y T T K

Titus 2:11-13

M A N I F E S T A T I O N B
G Y Y J L N S Y N G L O R Y
Q T L I M A L O J T I A W R
D A V D V N I D R D G P R Q
B E P I L T B A E P O H V K
C L O P A R I T H G I R P U
H R E V E N O G W Y N V Q B
R W L S I A R W L S U S E J
I A Y N S A R D V D V L T T
S J G T C E O E R P D J Y K
T B Y E B G D Y D Q D Q L P

Titus 3:6-8

D B E C O M E R Y D L Y D
E E S P I R I T E Y L N L
T T I G N S D R O I V A S
E S D F R T U P T E R U S
R B A I I O P H B B N J D
N N E Y P T R Y L H C I R
A H S E I O S E L H R L R
L H F U U N C U R N L V B
J I O G S A G I J N Z P T
L M H P R E S B G K R J R
R T P G E T J N D Q W M Y

Hebrews 3:5-6

H G T M F A I T H F U L
C O N F I D E N C E D T
S T U I N E K O P S J R
G E N S T S I R H C J P
N S R O E S L A T E R B
I T D V S F A H O P E R
H I D L A G J O Y T T J
T F J S O N T J B W L B
K Y T D M H T S E S O M

Hebrews 4:14-15

E H E A V E N F A I T H
M Q Z S L T Q T M P N V
P T S M S D S Y X I T D
A D A E M E V E S B E Q
T M L E S T F O I D D Q
H E L Q R S N O N R J W
I H M J J G E E R Y P R
Z G D P Y E C N L P V P
E I O L T S S M K L N D
Q H G B A E R U J A T J
L M L R Z I D Z S B E M
V G Q W F L L N B D D W

Hebrews 5:9-10

D N O I T A V L A S G R V
M E L C H I Z E D E K M Z
T B S R G J H E W S N Z P
C E E I V N T I O R D T Q
E C D Q G E I U G T N G D
F A A O R N R E S H K G W
R M M N B C A E B P X Y M
E E A G E E I T R E D R O
P L G D O R Y M E B M B Y
L Q J Y P D N R V D Z W V

Hebrews 6:11

N M G K H K T L V E X J Z
V I G Q O Q I X D L M B Q
M X A Y P F Y G W L Q O W
Q A J T E M N T A E R G C
T D K T R I K L P M J S X
P J D E V E A R E U R T Z
E T B O N S C L E E L D L
E R L D T L B W H D Y M R
K J I S T R M T V T R D J
Y G R S B L O N G Q L O N
X R M K E W Y P T T Z Y T
N N K P B D Y L B M M W B

Hebrews 6:17-18

E E D B Z G E L C F T D E
S P L Y M P N H M K A N N
I U O B O M A O D Q C S M
M R H H A R R E R O K F T
O P M E A E R L U T L M R
R O M C G I G R L E S X X
P S T L S U A N D M K Z R
S E J E T G F N A W R Y M
R K D M E L Y E T H O N R
I P B M B R W T R A C D K
E Z E S H O W T T V L N M
H N D Z B Q Y H Q M N N U
T G Y V M M V X L K Y N T

Hebrews 6:19-20

N L J K X S U R E G M X Q M J Z
A N C H O R E V E R O F R H T J
M J J H F T B P T D Y N I X R W
K X R M O O M Z G M D G J K T P
Z T B S V P R O N I H E B K B S
L S H R I N E E D G R T E D T M
R P L E N Q V J R E B D D E P X
L X R T K I E J N U E M A J V Q
Q D D N V S A N M Z N D L Q R Z
L G K E U N I T I M F N J B Y Z
T Y T S R D N H R A M R E D Z Q
J S T X Q X C J S U D N U R B Y
L P E T J L M T N V C O T R T T
J T D I E X R M G J S G G N D Q
R T M M R W L J N R K Z Y G M Y
B Q B B T P Y N G Z D P G V W Y

Hebrews 7:18-19

G J D E C U D O R T N I
T N E M D N A M M O C Y
R N X D M H H S D B X R
E E O P O A S A N J K N
T G M P E E S E N W L M
T W E R N R A I L D X N
E A A K O R F D D D R D
B L A R Z F N E D E Q B
N E V T D B Z Q C Q D X
W P R J G D N D J T L R

Hebrews 10:23-25

G N I H C A O R P P A J R
E M Q N D Y P L O V E Y Q
D N H D L R G R X B L N M
E L C O E J A Z O G R E D
E L Y O P S Z W N F E N V
D Q U D U E I I O T E N J
S H G F J R V M I T J S A
Q X O W H R A N O V M N S
V Y O L E T G G M R O G R
L L D W D J I M I T P U Y
Y T S P T Y P A H N P K P
J N X R M G K E F S G D J
U P B L R Q R B P Q M J R

Hebrews 10:35-36

R W T N E I T A P E G
E R L N L S T H C J D
B L E O E T G N R B R
M P R C R D A N E O D
E D R U E R I U I R W
M R S O U I N F A R G
E T L D M I V W N R B
R A N L T I E E E O N
R E W N I R S A B E C
Z L O A Y W T E E V M
D C N P Y T W D D B R

Hebrews 11:1-3

N C R E A T E D G R M N
E O U N I V E R S E M Q
C F I R J S D V L C N U
N A J T E Y I E O N N Z
A I T E A S J N P D M R
R T N V I D V J E O N L
U H N B M I N R L J H Z
S T L M C J S E D Y Y B
S E T T M T W D M R M X
A J I V A X O T W M O X
D O L N D G L R B V O W
N Z D P E K V T T M W C

Hebrews 12:1-2

P E J L E D T T W N N E L K
Q E C K V N Y I W N C X P M
J L R A X D T H I N D E R S
N J K F R N K A A S R P J Z
M A R K E D M R N E E E W K
Q B D S J C E P E G S Y V P
B N S B W V T N G U L X E R
Y E M O E L O E S R P E Y T
S T R S D I J Y R D E M S B
Q H R U P F I X I N G A G Q
T E O H T I A F R P Y M T B
P L N J L Q G Y U N D G N P
C R D Q M D B L N L V D D D

James 5:7-8

N N J B M Z X Q N E A R L
N C E T D Y R P M D W T D
B O S H V R E C E I V E S
E M L T T S U O I C E R P
L I E Y I G P A T I E N T
O N F A L A N G H T J M M
V G A D R R W E A L S B L
E R R K C T A L R N R W M
D O M D D R H E I T J B N
L K E W T M O A K P S L W
W Z R S Z D R P J J L M M

1 Peter 1:3-6

R M E R C Y H O P E P Z
E N P L Y Z Z R D M Z E
S G W R Y J E Q H Y C J
U Y Y M A V G S V N M D
R F R B E I I J A L T Q
R A C N I R S T E G M L
E T G H E R I E N S I P
C H I P R R T I L O U E
T E V R E I V H P O D S
I R E H W I S S T A R L
O V N Q L Q B T F X M D
N I B D N L J P D J L L

1 Peter 1:13

K B G N I M O C C H L V
A E R X Y G Y H O R V Y
L R X O R Y R P E L M N
E O S A U I E V G L M D
R F C D S G E V R L L D
T E S T N A H E V D R G
D R D U L I B T T R N Y
B E R E S O M F U L L Y
R H D B S E L R W L M P
R T Y B L R J B B S E T

1 Peter 1:18-19

S R O T S E C N A T J
D P H P S T F G R P K
E R T S P I O I E P Y
M E H P I L L R L Y D
E C I E D M I V X D T
E I N L M S E T E C R
D O G D H P S L E R W
E U S A O I T F B O L
R S B G R O E Y N A M
L L N H R D L K M B N
E X C R Z P R B W Y K

1 Peter 1:20-21

C H O S E N E S H R
D J C B Q R A G D M
E T T R O K U E N L
I Z I F E O L E A D
F R E M R A V S E H
I B Z H E E T S T W
R D T V I S I I O H
O K E L D A A R O G
L R E A R F L P O N
G B N N D D E D B J

1 Peter 1:23

N R D G C O M E S
E G E B N D D Q B
L T O V R I U N M
G R E O E I V N E
N O W R C R I I L
L T D K N A O A L
I W L J G A S F G
F Y G A L T L J B
E W E N T L W L M

1 Peter 3:14b-15

M S D E T A D I M I T N I
D H A B D V G M B A N R D
K E G N Z E W L C H O P E
E A F L C L M C R E A D Y
N R D E L T O A N J L Z M
O T S J N U I D N C M J Y
Y S D Y N S R F H D G T Q
N R D T A A E R Y L S Z Z
A L I R E W I K P R L L L
R N Y F O S L J A Y Z J N
G P Q J T L M A D M M M N

1 Peter 5:10

E T E R N A L P N W Z N
R S U P P O R T N R O R
E Q S Z K K C D G I Y R
S Q Z T Y I E H T Y D X
T X L K R R N A R E P Y
O S Y I E E D D L I R Y
R R H F T N N L N O S Q
E J F A U T A G L E R T
J U E O R C L G T E S M
S Y F S D E M E T H R S
Y D R O U J Q F N I E G
L Z G Y D S A M F Z D N

2 Peter 1:10-11

Q N D N J M S M O D G N I K N J
B D N N N G R R B S L D W M D M
D D L T Z D S B E K A P M I T E
V X B V Y P G R B T R V L W T Q
C P J G E K D L E A S I I E G R
N A N V T N J B C H G I R O N N
E V L B V G T T E E T N S N B Q
L C Z L Y N I R N L A O W R X D
N R I R I C D T A L B P R R R X
J I E O E N B K G N W M R B B T
K T A V H L G C Q Q C M U Y G Y
X J G T E C T L H V W E X T T K
D E R B R N R O N R X Z V T S Q
X S T Y J E R R Y B I L M Z K D
Z U Y D W R C D D Z Y S K Q T G
Z S D G K T Y J T T V J T W L G

2 Peter 3:17-18

K Y D G D E B E A C B T M
N N R R C J T W O E N R Y
Y O O A T E A M L M R I F
W D R W R Y M O G L O R Y
D G R N L I V N Z T T P W
K E I Y T E S G N D R L K
S T I M D A D D Z O K P D
Y U E R V L R G R D D N X
N N S I R A O R E R Y G L
T L O E U A E S O M W D V
B R T G J D C L E B Y R L

1 John 1:1b-2

L K N L E B J J P D L T L
P D Y F I T S E T T X I V
F J E D L M E M W P F D Z
L A D L N E T R M E R Y Y
G Y T D A T S I N O Q Q L
H M P H Q E A T W A M L J
T R B M E L V Z I W L Y G
I V N R C R N E O T Y T N
W Y N O B E Y N R L L T R
M W R Z E E Y Q R Q M V B
D P W S N V L M Q K Y T Q
B B D O X R J Q Q R L X G

1 John 2:1

W C P Q Q N E L S P J Z Y
G W H R F L Y U N M R R G
N T W I T A O V Y D L T V
I N D T L E T A C O V D A
T J I T T D E H T R B R N
I L E H H N R T E R T V Z
R S G S O I S E T R J N J
W I E Y U I N H N W N Z M
R T N O R S E G A I Y R B
L A K H D S W M S V Q Q L
Y R C N E J T G R M E G P

1 John 2:24-25

E E W R S G E K B L Y
T T S O E F K E Y N B
E E N I I H G D L T B
R T D L M I T M J R N
N A M I N O H A B L B
A H N N B E R T F L X
L W I E A A D P B Q Q
Y N R R H D R A L E T
G J D R R T Y M M W W

1 John 3:2-3

P U R E Z D Y X T M M
J K N B T J M Q Q L L
T H E M S E L V E S B
Z E R Q S I R H G Y M
F D D B K R O A C J Y
R A L E B P A H L F Q
I M I R E N R E I L N
E G H T W I W R P E Q
N O C O S H U S H P R
D D N T A P Q W E L A
S K V T N R Z T J E L

1 John 4:9-10

T Y V S D G V L T D B M Q
H E D W A K P Y T R M O T
R V V T B C S L J R N M D
O O J T L G R H D E R J J
U L M X L D T I O N N R T
G A T O N I N G F W N N N
H D G W A K D P M I E T B
L Q L M K E Q B D S C D D
J R O R V D Y N T D S E P
D N G I O Y L N O N Q N V
G J L G X W D P I S M Q T
L L V R T G G S K W K Q T

1 John 4:13-16a

F T L N D L B M K J G M Z N
W A Y O E O T M S A V I O R
O K T S L V N E V I G N S J
R B M H J E E G O D N U M Z
L T R B E S T I N G S M C X
D Y D P Y R P T L E N O Z X
V Z R L Z F B I J E N E R N
D D T P X B I W R F B N E Z
A Y R T L T O T E I J J D S
M B M L L N L S S B T V T P
Z Z I Y K Y S J X E V D R M
G B T D Y T V L V G T M M M
N G Q V E M R Y M N R W B D

1 John 5:4-5

E N T S J K M N P T N N G V
V V W D T L Y K N Z R W N M
E Y E P P A B J M L K L K W
I Q T I L T E V I C T O R Y
H G B Z L E D F X C G D R Y
C P W B L E Y V E O H P X T
A K Q T Z R B R D D Z I H L
R G T N E D L R O W V R L J
Y A A V X R W K Q L O D E D
B Y E I F A I T H U E S D D
B D K P N X N Z G R U V T V
D Y D D W S J H X S Y N I K
N J G T T K T Z B Y L B R L

1 John 5:10-12

T D Q M D L K D B R Y K W
Y R N W Q T P E B G T B P
N B J G N E L S T R A E H
O G T O N I S D X T N R N
M R S M E I M O T L K M E
I G W V G E N Z H T I T D
T T E H D I L R M T E F M
S V T A O I V B E R V W E
E Y M M A E Z E N C G O D
T B Z R J V V A N R N G D
J X B M L J L E R B Z O V
L Y W T Q Q M P R M Z B C

1 John 5:13-14

A C C O R D I N G Y N
S D E T E R N A L R X
G S P N W O N L B R X
N R E O S Y I E K S A
I A N N T W L T W P K
H K M H D I S R A E H
T D I E E L I K D L D
L N O V Q T O L I F E
G D E G E D K B Q N T

1 John 5:19-20

G L I E S L N T D D L R N
J N Q B K V R Y X R R J P
J B I Q N E R J Z T P Q L
W X J D W N E R D L I H C
H L Q O N R C Q Y E V Y D
O L P W E A Y O Q N U I N
L J T D O Z T L M W V R B
E R N L N R A S O E S V T
T U M E L N L N R Y O T J
R D V G R I K D J E N Y T
L I O E P Y F D R V D X B
G N T G Q L X E Z Q Y N G
B E P T W R R V T X L Z U

Jude 20-21

N Z R V L B T T Y B D J Y
K R D L J R L I S Y Q Y B
Z E X X L O R D A A W D L
J W T C H R I S T W F T B
Q O Z D D K T G D R A E D
E P F L E D N S Y L M Y S
L T D A Y A D Y M R I P V
I Q E L I N R O C P I U V
F Z O R E T J T T R R D B
E H Q I N E H G I H E A M
V D R B S A J T Y J E M Y
O F L U L B L V J T P R Y
L M S P X Y L M R Z D D M

Jude 24-25

S A V I O R R Y J R Z B W
Q J P S T U M B L I N G X
K Y M R L N N G Y R O L G
P B M O E W O T R D M Y Z
Z R R A G S I I D E B X T
R D O Q J R E N N L A K L
T E V T O E Y N A I Z T Y
T T V H E T S M C X M O B
S S T E L C E T S E J O D
T U I J R L T U Y Q X D D
A G T R E O S B J R W L N
N L Q S H E F M D G V R M
D V S N J C J N J R T D W

Revelation 1:16b-17

E T F N T R T X T T Y R
C H X E J E D N H T P J
N G S D L E E O F A C E
A I B H C L U F N U S D
I R M A I G R N K G R J
L D L V H N F D Z Y L M
L P I M W I I D E A D W
I A N A R A T N D T N D
R M L S R S S G G Q X Z
B D T L A F H A N D G L
G M T L T M A N G L M Y

Revelation 3:11-12

G M X H E G R L S V Y
S X E M O N N N G S Z
J U A L W L E I R R W
E N O O A Z D A M N R
L R R I I S L N O O S
P C W T R L U N W R C
M E I X I O E R E O L
E C T P Y V T V E E D
T T D I A T E C A J D
Q O L E R N I V I Q R
G X H X M W E C J V N

Revelation 17:14

B K Q G A C T F N M W V
X E N Z A G A R H R W W
F I C L R I A P R A J G
K O L A T P M I G J N D
R E L H U U N E N X W M
D A F L I S C Q B S X R
L U W R O H E P W I T H
L B T T O W D R O L O T
B Y M S V T E R R V M N
L N E A W L R R E L L K
Y N Q Z L V M R S V R Q

Revelation 21:5a, 6

G E R B E A L Y E F I L Y
N N T S L N T L I Y P R G
I D I P I S O N R E T A W
H S H N R T I R B D N T N
T A P I N S T M H Y D R B
Y O H R H I A I L T Q M G
R T M E I K G E N E K T T
E W D E I N E E V G L N Y
V V E N G R G I B J Y Y J
E D G N F A G S Z J Y G L